I0686501

LE

PALAIS

DE RIHOUR.

Pl. III.

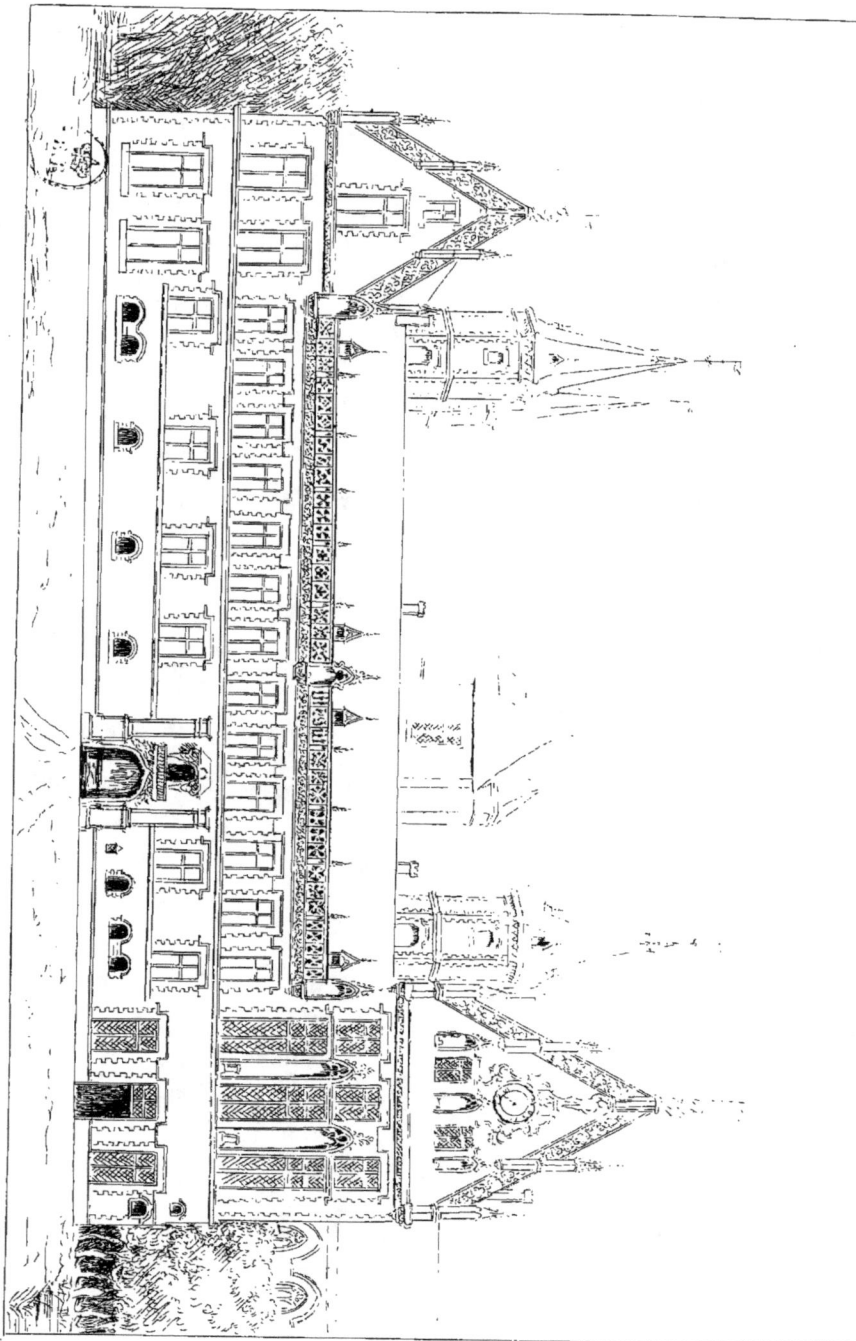

FAÇADE DU PALAIS DE RIHOUR.

Lith. de A. Danel.

LE
PALAIS
DE RIHOUR,

PAR

BRUN-LAVAINNE,

DIRECTEUR DE LA REVUE DU NORD.

à Lille,

Chez l'Auteur, rue de Gand, N° 64,
Et chez VANACKERE fils, Imprimeur-Libraire, place du Théâtre, N° 10.

—

1835.

LE
PALAIS DE RIHOUR.

En 1248, la ville de Lille était beaucoup moins grande qu'aujourd'hui. Son étendue, vers l'ouest, ne dépassait pas le fossé que nous appelons le *canal des Poissonceaux*. Le *pont de Weppes*, situé à l'extrémité de la rue *Esquermoise* indique l'emplacement d'une porte de *Weppes*, nommée ainsi probablement parce qu'elle conduisait vers le quartier de la Châtellenie qui portait ce nom. Au nord-ouest était la paroisse St. Pierre, appelée aussi *le Château*, parce que cette petite paroisse était close de murs tandis que, depuis l'incendie de Lille par Philippe-Auguste, le reste de la ville était ouvert, ou simplement garanti par un fossé en certains endroits. A l'est, ce fossé, nommé *rivière des frères mineurs*, passait sur l'emplacement actuel du jardin botanique ; il aboutissait à la porte des *Reigneaux*, près de laquelle, en 1213, les Français avaient bâti un fort qui paraît n'avoir pas survécu à l'embrasement de la ville. Au midi les paroisses de St. Maurice et de St. Sauveur, avaient été récemment réunies au vieux bourg, qui ne comprenait dans l'origine que la paroisse de St. Etienne. Cette dernière était bornée au sud-ouest par un lieu manoir ou *manse* appelé *Rihout*, avec des prés, bois, eaux, *Aulnaies* et *Saulsaies*, (terres marécageuses plantées d'aulnes et de saules). Le tout appartenait à Berard de Rihout. — Est-ce le propriétaire qui avait donné son nom au manoir ou celui du manoir qui servait à qualifier le propriétaire? C'est ce qu'il est assez difficile d'éclaircir, n'ayant point d'autre lumière sur ce sujet que les lettres d'agréation ci-dessous (1), par lesquelles Gauthier, évêque de Tournai, approuve la donation faite, en pure aumône, à l'hôpital Comtesse, de cette même manse et de tout ce qui y adhère, par Berard de Rihout, *frère dudit hôpital.*—Arrêtons-nous cependant un peu sur ce nom lui-même qui a plus d'une fois exercé l'esprit des étymologistes du pays.

Il est bon d'observer d'abord que nous écrivons aujourd'hui *Rihour*, ce nom qu'au seizième siècle on écrivait *Rihoult* et au treizième *Rihout ;* il n'y a donc pas de raison pour que, dans des temps antérieurs, son orthographe n'ait présenté encore de légères variantes. Ceci posé, nous aurons les coudées un peu plus franches.

---

(1) Walterus Dei gratia Tornacensis Episcopus universis presentes Litteras inspecturis salutem in Domino sempiternam. Noverit universitas vestra quod Berardus de Rihout oppidanus insulensis in nostra presentia constitutum spontanea voluntate sua ob remissionem peccatorum suorum nulla interveniente illicita pactione in elemosinam contulit mansum suum situm in parrochia Sancti Stephani insulensi in loco qui dicitur Rihout cum edificiis et appendiciis ipsius mansi videlicet quibusdam domo, prato, Alneto, Salceto, piscaria et aliis ipsi menso adherentibus hospitali beate Marie Insulensi in perpetuo possidendum. Nos autem ipsius Berardi pium affectum in Domino commendantes dictam elemosinam seu collatorum ab ipso Berardo fratre hospitali predicto laudamus et approbamus et presenti scripto confirmamus. Datum anno Domini millesimo ducentesimo quadragesimo octavo mense maio.

L'original de cette charte est conservé dans les archives de l'administration des hospices de Lille.

Il est évident que le mot *Rihout* n'est ni latin, ni teuton. Il n'appartient donc ni à la période romaine, ni à la période franke, et c'est dans le langage primitif des habitans du pays (puisque d'ailleurs, il n'a aucune signification dans le français du moyen âge ou langue romane) qu'il faut chercher son origine. Ainsi, sautant à pieds joints par-dessus vingt siècles, nous arrivons droit aux Celtes qui occupaient cette partie des Gaules avant que les Belges, venus de la Germanie, s'y fussent établis et lui eussent donné leur nom.

On sait que l'ancienne langue Celtique s'est non-seulement conservée presque intacte dans la Bretagne, et avec quelques modifications dans la principauté de Galles, dans le comté de Cornwallis, dans l'Irlande, mais encore qu'on retrouve des racines celtiques dans la plupart des langues connues. C'est ce que le savant Bullet a démontré dans son *mémoire sur la langue celtique.* (Paris, 1754) Ceci est un fil pour sortir du labyrinthe; mais nous allons nous trouver dans l'embarras du choix.

En effet, nous arrêterons-nous à ces mots bretons : RIOUL *fossette où les enfans jouent en y jetant un peu de monnaie;* RIOU, *froidure, froideur;* RIOT, *dispute, contestation,* d'où est venu notre vieux mot, RIOTE? Nous n'y avons guères de penchant. *Le lieu qu'on dit* RIHOUT, suivant notre charte, peut fort bien avoir été anciennement un objet de *contestation;* il pouvait, à raison de l'humidité du terrain, être plus *froid* que certaines autres parties du canton; il n'y a pas même d'impossibilité à ce que les petits gaulois y eussent été jouer à la *fossette;* mais ces raisons ne nous paraissent pas assez déterminantes et nous pousserons plus loin nos investigations.

L'Irlandais nous offre RIOTH, *course, cours, courir,* et le Gallois RHIOL, *royal,* RHIOLTY, *festin somptueux;* mais d'une part, le lieu, entrecoupé par des eaux et en partie couvert d'aulnes et de saules, ne devait pas être propice à la course; de l'autre, ce fut environ deux cents ans après la donation

de Berard de Rihout que sa modeste demeure, trans-
formée en palais, fut témoin du somptueux *festin* du faisan,
et quatre générations de princes y passèrent avant qu'elle
devînt un séjour *royal*. A moins donc de supposer dans ses
auteurs un talent tout particulier pour la divination, il faut
encore chercher ailleurs le sens du mot *Rihout*.

En le décomposant nous trouvons RI, mot gallois qui
signifie *fort* (forteresse) et OUT, mot breton qui veut dire *auprès*.
Cela n'irait pas trop mal si notre histoire offrait le moindre
indice qu'il y ait jamais eu un fort en cet endroit; mais il
faut renoncer à cette supposition.

Nous trouvons encore en irlandais et en breton RI, *roi*;
OUL, *demeure, habitation*; ce qui ferait toujours intempesti-
vement une maison royale de notre manoir;

Ou bien RI, *roi*; HOET, *bois, forêt*; ce qui ne vaut guères
mieux;

Ou bien enfin en gallois RI, *ruisseau*; HOUL, *soleil*; ce
qui ne resssemble à rien du tout.

Mais pourquoi ne pas prendre dans ce dernier dialecte le
mot entier RHIU, qui se prononce RHIOU. Avec le temps on
a pu mettre l'H après l'I, et ajouter un T à la fin sans que
cela tire à conséquence. Ce mot RHIU, RHIOU ou RHIOUT,
signifie *ruisseau*. Il est certain par la charte de 1248, et encore
par l'état actuel des lieux, que cet endroit a de tout temps
été aquatique. Or, RHIOU, ruisseau en gallois, RIO, *ruisseau,
rivière*, en italien et en espagnol : RIOU, *ruisseau*, dans le
patois du Dauphiné; RIAU, *ruisseau*, dans celui du pays de
Vaud, n'établissent - ils pas pour notre mot une paternité
bien respectable? Si ce n'est pas assez nous produirons encore
dans l'hébreu, RUH, *qui est arrosé*; dans l'arabe, RUH,
mouiller, arroser; dans le Tonquinois, RUA, *laver*; dans le
Géorgien, RUI, *conduit d'eau*; etc., etc. De sorte que la *manse
de Rihout* serait ce qu'on appellerait aujourd'hui la *maison du
ruisseau*, par allusion au courant d'eau venant d'Esquermes
qui arrosait ses jardins et baignait peut-être ses murs.

En vérité, nous ne voyons aucun motif sérieux de rejeter cette étymologie à laquelle nous allons nous attacher avec d'autant plus d'affection qu'elle est nôtre et que nul ne peut nous disputer l'honneur de l'avoir découverte. — Essuyons-donc les gouttes de sueur qu'un si rude travail a fait couler de notre front, et le cœur content de ce premier succès, reprenons notre récit :

Peu de temps après la donation dont nous venons de parler, au mois de février 1252, *les maître, frères et sœurs de l'hôpital notre dame de lez-le-salle dit le Comtesse*, donnèrent la manse de Rihout en arrentement perpétuel pour le prix de quatre marcs de fin argent de rente annuelle. — Disons en passant que les noms de cet hôpital sont plus faciles à expliquer que celui de Rihout. — On l'appelait *Comtesse* en mémoire de sa fondatrice, la comtesse Jeanne de Constantinople, fille de Baudouin IX, comte de Flandre et de Hainaut qui, à la tête des princes latins, s'empara, en 1203, de la capitale de l'empire d'Orient et fut jugé le plus digne de ceindre son front de la couronne impériale. Cette princesse avait eu pour mari Ferrand de Portugal, lequel s'étant ligué avec l'empereur Othon et le roi d'Angleterre contre Philippe-Auguste, fut pris à la bataille de Bouvines et conduit chargé de chaînes à Paris, où il orna le triomphe de son vainqueur. Jeanne, en 1216, avait déjà fondé un hôpital pour les malades près l'église de St-Sauveur, elle en établit un second, en 1227, sur un terrain dépendant de son hôtel de *la salle*, d'où vint l'expression de *lez-le-salle* (proche de la salle), enfin on l'appelait *Hôpital Notre-Dame*, parcequ'il était sous la protection de la Sainte Vierge. — Retournons à Rihout.

En 1278, l'hôpital comtesse céda à Philippe de Bourbogh, deux marcs et un lot, faisant partie de la rente constituée sur la maison de Rihout, et dans le siècle suivant le même hôpital racheta quelques autres parties de rentes sur cette maison, faits fort peu importans par eux-mêmes, mais qui servent du moins à constater l'existence non-interrompue de la propriété connue sous ce nom jusqu'à l'époque où il plut à Philippe-le-Bon d'en faire un palais, sur lequel lesdites rentes continuèrent d'être assises, long-temps encore ; puisque ce fut Charles-Quint qui, en 1517, dégréva son hôtel de cette vieille redevance et de plusieurs autres, en les mettant à la charge de la ville, par forme d'échange, pour un reste de terrain de l'ancien palais de *la Salle* que ce prince lui abandonnait.

Nous regrettons que la fermeture momentanée des archives de l'ancienne chambre des comptes ne nous permette pas de rechercher comment, à qui, et pour quel prix la maison de Bourgogne fit l'acquisition *du lieu appelé Rihoult.* Tout ce que nous pouvons en dire, d'après Thiroux, c'est que Philippe-le-Bon s'y fit bâtir, en 1430, un palais, dont ce qui reste aujourd'hui, est en assez mauvais état.

On a écrit mal à propos que le duc de Bourgogne s'étant retiré à Lille en 1407, après l'assassinat du duc d'Orléans, y avait fait bâtir, *à Rihours*, un palais pour lui servir de demeure. L'auteur de cet assassinat était le duc Jean, surnommé *l'Intrépide*, qui se retira en effet à Lille en 1407, mais qui n'y fit pas construire de palais à Rihours, car nous avons vu des lettres de ce prince, du 12 février 1416, portant cession à l'hôpital Comtesse de plusieurs rentes sur les viviers de Dergniau et sur des terres à Esquermes, en reconnaissance de ce que le maître et les sœurs de cet hôpital lui avaient offert deux maisons et une portion de leur terrain, *pour plus sûrement et mieux édifier et aussi accroître son hostel de la Salle de chambres, aysements et autres choses par terre au debout de son dit hostel devers ledit hospital.*

Ce titre, en prouvant que le duc Jean habitait encore l'hôtel de la Salle en 1416, donne gain de cause à Thiroux, et nous nous en tiendrons à la version de ce dernier, qui nous reporte au temps de Philippe-le-Bon, temps de splendeur et de richesse, d'amour et de chevalerie, de gloire et de liberté. Ce prince, ami du faste, entouré de la cour la plus brillante de l'Europe, devait en effet se trouver à l'étroit dans l'antique demeure des comtes de Flandre. Un nouveau palais lui était nécessaire ; il fit donc bâtir celui de Rihoult, dont la planche ci-contre représente la façade.

Une grande cour carrée entourée des quatre côtés par de vastes bâtimens. A chaque angle de la cour une tourelle octogone s'élevant de quelques toises au-dessus des combles. A l'extérieur, du côté de l'entrée principale, une façade dans ce style abâtardi qui n'est plus le gothique et pas encore la renaissance. Aux deux ailes, cependant, le genre est plus caractérisé. Leur inégalité même a quelque chose de significatif. Voyez-vous ce pignon plus élevé qui distingue le bâtiment de droite : c'est le côté habité par le *très-redouté seigneur*, duc de Bourgoigne, de Lothier, de Brabant, et de Lembourg, comte de Flandre, d'Artois, de Bourgoigne, palatin de Haynaut, de Hollande, de Zeelande et de Namur, marquis du saint Empire, seigneur de Frize, de Salins et de Malines ; c'est là que, dans les circonstances solennelles, il se montre entouré d'une foule de princes de son sang, Nevers, Clèves, Bourbon, St-Pol, Brabant, Richemond, Penthièvre, noms illustres, brillante et valeureuse jeunesse, disputant dans les joûtes la palme du courage, de l'adresse et de la magnificence aux Lalaing, aux Croy, aux Renty, aux Haubourdin et aux plus fameux chevaliers, qui, de toutes les contrées de l'Europe, venaient à ces pas-d'armes si renommés dont les dames faisaient l'ornement et distribuaient les récompenses. C'est là que, le 27 Novembre 1431, Philippe donna les constitutions de l'ordre célèbre de la Toison d'Or, qu'il avait créé le 10 Janvier 1429 (nous dirions 1430, car l'année commençait alors à Pâques), à l'occasion de son mariage avec Elisabeth ou Isabella de Portugal, célébré à Bruges avec une somptuosité incroyable. C'est là enfin qu'en l'année 1453, eut lieu le *repas du faisan*, dont Olivier de la Marche nous a laissé les détails les plus minutieux, détails qui se retrouvent en grande partie dans les *mémoires sur l'an-*

cienne chevalerie, de MM. de la Curne Sainte-Palaye ; dans l'*histoire des ducs de Bourgogne*, de M. de Barante, et dans l'*histoire des fêtes civiles et religieuses de la Flandre*, récemment publiée par Mme Clément, née Hémery.

Ce repas était en quelque sorte le dernier acte des fêtes données par le duc de Bourgogne dans un triple but. Il venait de soumettre, après une guerre acharnée, les Gantois rebelles, et la paix qu'il leur avait accordée était pour tout le pays un sujet de réjouissance. Le mariage de son neveu le jeune duc de Clèves, venait joindre ses joies particulières de famille à l'allégresse publique ; mais un autre motif que le duc n'avait point voulu faire connaître à l'avance, pour en ménager l'effet, c'était un projet de croisade que la prise récente de Constantinople, par les Musulmans, et le misérable état du christianisme en Orient avaient fait naître dans ce cœur chevaleresque. La réunion de tout ce que ses états comptaient de plus illustre noblesse, lui parut une circonstance favorable. Le dernier jour des fêtes, qui était le dix-septième de février, le festin fut donné par le duc (1), à qui, suivant l'usage, les dames avaient présenté le chapeau de fleurs, lors du dernier souper donné par le comte d'Estampes. Après une joûte que soutint le duc Adolphe de Clèves, sous le nom du *Chevalier du Cygne*, et dans laquelle parurent les comtes de Charollois et d'Estampes, les seigneurs de Gruthuse, de Morcourt, de Digoine, de Guistelle et de Lalaing, toute la noble compagnie se retrouva à heure convenable en la salle du banquet, laquelle était tendue d'une riche tapisserie représentant la vie d'Hercule. Pour entrer en cette dite salle, il y avait cinq portes, gardées par des archers vêtus de robes de drap gris et noir, qui étaient les couleurs du duc. Dans l'intérieur se trouvaient les chevaliers et écuyers conduisant le banquet ; les

---

(1) Dans la grande salle du corps de bâtiment, brûlé en 1700, et sur l'emplacement duquel se trouvent aujourd'hui, le salon du maire, les bureaux de l'état major, ceux de la garde nationale, etc.

premiers vêtus en satin, les seconds en damas, également aux couleurs du duc.

En cette salle, à ce que rapporte Olivier de la Marche, principal ordonnateur de la fête, il y avait trois tables couvertes ; l'une moyenne, l'autre grande et la troisième petite. Toutes trois étaient ornées de pièces de décor, appelées *entremets*, destinées à exciter la joie ou l'admiration pendant la durée du banquet. Les deux plus extraordinaires étaient, sans contredit, une église, croisée, verrée, et faite de gente façon, où il y avait une cloche sonnante et quatre chantres, placée, ladite église, sur la moyenne table ; et sur la plus grande, un pâté dans lequel étaient vingt-huit personnages vifs, jouant de divers instrumens, chacun, quand leur tour venait. Tout le reste était composé de pièces mécaniques, telles que navires, fontaines, statues, tigres, lions, oiseaux, etc.

Quant au service des viandes, il surpassait tout ce qui s'était vu jusques-lors. Chaque plat était fourni de quarante-huit manières de mets, et étaient les plats du rôt, chariots étoffés d'or et d'azur.

Le buffet était chargé de vaisselle d'or et d'argent, et de pots de cristal garnis d'or et de pierreries, et nul n'approchait de ce buffet plus avant des gardes de bois qui étaient là faites, sinon ceux qui versaient le vin.

Au milieu de la longueur de la salle, assez près de la paroi, avait un haut pilier, sur quoi était une image de femme qui, par sa mamelle droite, jeta de l'hypocras (1) autant que le souper dura, et auprès d'elle avait un autre pilier large, en manière de *hourd* (2), sur quoi était attaché à une chaîne de fer un lion vif, en signe d'être garde et défense de cette image ; et contre son pilier était écrit en lettres d'or : *ne touchez à ma dame*. Ce fut trouvé chose très-merveilleuse à voir que telle bête féroce, figurant parmi la fête.

(1) Espèce de liqueur faite de vin et de sucre.
(2) *Hourd*, échaffaud, d'où vient le mot *hourdage*, usité dans ce pays.

2

Quand chacun fut assis, ainsi que dit est, en l'église (qui fut le premier entremets), sur la principale table, sonna une cloche, très-haut, et après la cloche cessée, trois petits enfans et une teneur (voix de *ténor*) chantèrent une très-douce chanson ; et, lorsqu'ils l'eurent accomplie, au pâté (qui étoit le premier entremets de la longue table) un berger joua d'une musette moult nouvellement. Après ce, ne demoura guères que, par la porte de l'entrée de la salle, entra un cheval à reculons, richement couvert de soye vermeille, sur lequel avoit deux trompettes assis dos contre dos, et sans selle, vêtus de journades de soye, grise et noire, chapeaux en leurs têtes, et faux visages mis ; et les mena et ramena ledit cheval, tout au long de la salle, à reculons ; et tandis ils jouèrent une batture de leurs trompettes ; et y avoit à conduire cet entremets seize chevaliers vêtus de robe de la livrée. Cet entremets accompli, en l'église fut joué des orgues ; et au pâté fut joué d'un cornet d'Allemagne, moult étrangement.

Lors entra dans la salle un luyton, ou monstre, très-défiguré, qui, du faux du corps en bas, avoit jambes et pieds de griffon velus et grands ongles. Il portoit en ses mains deux dards et une targe, et avait sur sa tête un homme les pieds en l'air, qui se soutenoit par ses deux mains sur les épaules du monstre, et ledit monstre étoit monté sur un sanglier, couvert richement de soye verde ; et quand il eut fait son tour parmi la salle, il s'en retourna par où il étoit venu. Ensuite ceux de l'église chantèrent, et au pâté fut joué d'une doucine avec un autre instrument ; et tantôt après, sonnèrent moult haut quatre clairons qui étoient derrière une courtine verde, tendue sur un grand hourd, fait au bout de la salle. Quand leur batture finit, soudainement fut tirée la courtine, et là fut vu, sur ledit hourd, un personnage de Jason, armé de toutes armes qui se promenoit en celle place, et ne demoura guères qu'il fut attaqué par plusieurs grands et horribles bœufs qui jettoient feu et flambe par les narines et par la gorge, et ledit Jason se défendoit et combattoit par si belle façon, que tous disoient

qu'il avoit contenance d'homme de bien. La bataille dura longuement; mais, pour fin, Jason les rendit domptés, vaincus
et mats, au moyen d'une fiole de liqueur que lui avoit baillé
Médée, quand il se partit d'elle.

Après ce mystère, fut joué des orgues en l'église, et au pâté
fut chanté par trois douces voix une chanson tout du long,
laquelle se nommoit : *la Sauvegarde de ma Vie*. Puis après,
par la porte, entra dedans la salle, un cerf merveilleusement
grand et beau, lequel étoit tout blanc, et portoit grandes cornes
d'or. Dessus ce cerf étoit monté un jeune fils, de l'âge de douze
ans, habillé d'une robe courte de velours cramoisi, portant
sur sa tête un petit chaperon noir, découpé, et étoit chaussé
de gents souliers. Ce dit enfant, quand il entra dans la salle,
commença le dessus d'une chanson, moult haut et clair, et
ledit cerf chanta la *teneur*, sans y avoir autre personne, sinon
l'enfant et l'artifice dudit cerf. En chantant ainsi ils firent le
tour des tables, puis s'en retournèrent.

Après ce bel entremets du blanc cerf et de l'enfant, les chantres chantèrent un motet dedans l'église ; et au pâté fut joué
d'un luth, avecques deux bonnes voix, et faisoient ainsi
toujours l'église et le pâté quelque chose entre les entremets.

Ensuite, sur le hourd, se continua l'histoire de Jason, lequel
vainquit un très-hideux et épouvantable serpent, et lui coupa
la tête devant tous ; puis lui arracha les dents, et les mit en
une gibecière qu'il portoit. Tout-à-coup, par le haut de la salle,
partit, d'un bout, un dragon ardent, qui vola la pluspart de
la longueur de la salle, et passa outre, tellement que l'on ne
sut qu'il devint : et lors chantèrent ceux de l'église, et au pâté
jouèrent de vielles les aveugles. Après, à un des bouts de la
salle, en haut, partit tout en l'air un héron, qui fut écrié de
plusieurs voix, en guise de fauconniers et tantôt partit, d'un
autre bout de la salle, un faucon, qui vint toupier et prendre
son vent, et d'un autre côté partit un autre faucon, qui vint
de si grande roideur, et férit le héron si rudement qu'il l'abattit
au milieu de la salle, et, après la criée faite, ledit héron fut
présenté au duc.

Alors se joua sur le hourd la fin de l'histoire de Jason, lequel, après avoir semé les dents du serpent, vit sortir de la terre par lui diligemment labourée, gens armés et embâtonnés qui s'entretuèrent en la présence de Jason, et prestement qu'ils se furent tous occis la courtine fut retirée.

Le mystère accompli, l'on joua des orgues en l'église, et au pâté fut faite une chasse, telle qu'il sembloit qu'il y eut petits chiens glatissans et braconniers huans, et sons des trompettes, comme s'ils fussent en une forêt.

Tels furent les entremets mondains de celle fête, et atant ne reste plus à parler que d'un entremets pitoyable et qui fut le plus spécial des autres, ayant été ordonné par monseigneur lui-même. Par la porte principale, vint un géant vêtu d'une longue robe de soye verde, rayée en plusieurs lieux, et sur sa tête avoit une tresque, à la guise des Sarrazins de Grenade. En sa main senestre tenoit une grosse et grande guisarme, à la vieille façon, et à la dextre menoit un éléphant couvert de soye, sur lequel avoit un château, où se tenoit une dame en manière de religieuse, vêtue d'une robe de satin blanc, et par-dessus avoit un manteau de drap noir, et la tête avoit affulée d'un blanc couvrechef, à la guise de Bourgogne ou de recluse, et sitôt qu'elle entra en la salle, elle dit au géant qui la menoit :

> Géant, je veuil cy arrester,
> Car je voy noble compaignie,
> A laquelle me faut parler.
> Géant, je veuil cy arrester.
> Dire leur veuil et remonstrer
> Chose qui doit bien estre ouye.
> Géant, je veuil cy arrester,
> Car je voy noble compaignie.

Quand le géant ouït la dame parler, il la regarda moult effrayément, et toutes voyes il n'arrêta que devant la table de monseigneur ; et là s'assemblèrent plusieurs gens, eux émerveillans qui celle dame pouvait être. Et sitôt que son éléphant fut arrêté, elle commença une complainte en vingt-deux couplets, parquoi elle se disoit être notre mère Sainte Eglise, et racontoit comment, mise à ruine, honteusement chassée par les mécroyans (1), elle venoit de loin *cherchant les lieux où cueurs sont à mouvoir à secours*, puis s'écrioit :

O toy, ô toy, noble duc de Bourgongne,
Fils de l'église, et frère à ses enfans,
Enten à moy, et pense à ma besongne,
Peine en ton cueur la honte et la vergongne,
Les griefs remords qu'en moy je porte et sens, etc.

Ensuite s'adressoit aux autres princes, chevaliers et gentilshommes leur disant :

. . . . Voicy belle ochoison
Pour acquérir de los le bénéfice.
Mon secours est pour jeunes gens propice,
Les noms croistront et l'âme enrichira,
Du service que chacun me fera.

La lamentation de notre mère sainte Eglise faite, en la salle entrèrent grand nombre d'officiers d'armes, desquels le dernier étoit *Toison d'or*, roy d'armes. Ce *Toison d'or* portoit en ses mains un faisan vif et orné d'un très riche collier d'or, très-richement garni de pierreries ; et après lui vinrent deux damoiselles, adextrées de deux chevaliers de l'ordre de la Toison d'or ; et quand ils furent tous devant monseigneur le duc, ledit *Toison d'or* lui dit en cette façon : *Très haut et très puissant prince et mon très redoubté seigneur, voicy les dames, qui très-humblement se recommandent à vous ; et, pource que c'est la coustume, et a été anciennement, qu'aux grandes festes et nobles assemblées, on présente aux princes, aux signeurs et aux nobles hommes le paon ou quelque autre oiseau noble, pour faire vœux utiles et valables, elles m'ont ici envoyé avec ces deux damoiselles pour vous présenter ce noble faisan, vous priant que les veuillez avoir en souvenance.*

Ces paroles dites, monseigneur le duc (qui savoit bien à

_____

(1) C'était à l'occasion de la prise de Constantinople par les Turcs, et des progrès que ceux-ci commençaient à faire en Europe.

quelle intention il avoit fait ce banquet) regardant l'église,
et ainsi comme ayant pitié d'elle, tira de son sein un brief,
contenant le vœu de prendre croisée et d'exposer son corps
pour la défense de la foy chrestienne et résister à la damnable
emprise du grand Turcq et des infidèles, *pourveu*, disoit-il,
*que ce soit du bon plaisir et congé de monseigneur le roy, et
que les pays que Dieu m'a commis à gouverner soyent en paix
et en seureté.*

A l'exemple du prince, les nobles hommes à tous côtés,
par pitié et par compassion, encommencèrent à faire vœux
d'ensuyvir monseigneur, chacun suivant sa faculté, et mirent
ces vœux en écrit.

Les fêtes accomplies, le bon duc (qui tout ardoit de faire
son voyage et d'exécuter ce qu'il avoit promis) fit diligenter
son partement, si bien qu'il se partit de la ville de Lille le
15e jour de mars, suivi de plusieurs nobles hommes et bons
chevaliers ; mais arrivé en Allemagne où tous les princes le
festeyèrent honorablement, fors l'empereur Frédéric d'Autriche qui, craintif de sa personne, ne lui voulut octroyer le passage par ses états, le bon duc prit une grande maladie, qui
fut cause qu'il dut revenir à Lille sans avoir mis à fin son
emprise.

On pourrait s'étonner si après avoir décrit longuement le
Banquet des Vœux, nous passions sous silence un autre banquet, moins célèbre à la vérité, mais qui aurait eu aussi le
palais de Rihour pour théâtre. Nous avouerons franchement
que d'abord notre intention était de ne point parler de ce
dernier (nous dirons tout-à-l'heure pourquoi) ; mais un document presqu'oublié que viennent de reproduire les *archives
historiques* de Valenciennes (1) nous oblige à expliquer les
motifs de cette réticence.

Ce document consiste en une pancarte, imprimée vers
1726, sous le titre de PARTICULARITÉS ET ANTIQUITÉS DE LA VILLE
DE LILLE, et contenant un résumé curieux des principaux faits

---

(1) Tome IV, première livraison, page 22 et suivantes.

de nos annales, sauf quelques inexactitudes qu'il ne faut pas s'étonner de trouver dans un semblable *memento* populaire. On y lit entr'autres choses :

» Après que le palais qui sert aujourd'hui d'hôtel de ville
» fut bâti, en 1430, par Philippe-le-Bon, lorsque ce prince
» célébra l'ordre de la Toison d'Or, il voulut donner un repas
» aux seigneurs de sa cour dans ce palais en 1431. C'est pour-
» quoi on rôtit un bœuf entier dans la grande salle qui a été
» brûlée, et Messieurs du Magistrat, pour signaler leur joie
» et leur zèle, firent faire un pâté troué par dessous aussi
» bien que la table, et lorsqu'on leva le dessus du pâté, il
» en sortit une douzaine de valets de ville vêtus en fous, qui,
» par leurs manières grotesques, divertirent beaucoup le prince
» et la compagnie ; le lendemain, comme il se promenoit sur
» la place où il y avoit une fontaine, il aperçut encore les
» mêmes fous qui montoient et descendoient le long de la
» machine comme on tire l'eau, de sorte qu'il sembloit qu'on
» y puisoit des fous, il s'écria : voilà les sots de Lille. Le
» magistrat voyant que le prince y prenoit plaisir, eut toujours
» quelqu'un de ses valets vêtu en fou dans les divertissemens
» publics, et est encore précédé d'un fou, la veille de la pro-
» cession, quand les députés vont visiter les endroits par où
» elle doit passer. »

Voici une histoire qui passe pour certaine, et qui semble justifier complètement la qualification donnée à nos bons ayeux, qualification qui nous a été religieusement transmise par eux comme partie intégrante de leur héritage. Cependant, avec tout le respect qu'on doit à une tradition si vénérable, nous nous sommes permis de remarquer qu'elle renferme plusieurs invraisemblances. Premièrement, *la grande salle qui a été brûlée* était celle où le duc donnait ses banquets (voyez plus haut la description de celui du faisan ou des vœux), et l'on ne peut supposer que chez un prince aimant le faste et la magnificence, on se fût permis de faire la cuisine dans la salle à manger. Secondement, lorsque Philippe-le-Bon *don-*

nait dans son palais un repas aux seigneurs de sa cour, Messieurs du Magistrat n'avaient garde, sans doute, de se mêler d'en régler l'ordonnance ni d'y ajouter quelque chose de leur invention. Troisièmement, la raison s'oppose à ce que l'on impute un trait d'aussi plate adulation que celui de se faire précéder d'un *fou* dans les cérémonies publiques, par les motifs indiqués ci-dessus, à un corps respectable qui savait résister en face à son souverain et le faire rentrer dans les bornes légales quand il prenait à celui-ci la fantaisie de vouloir en sortir. Enfin ce qui vient donner un démenti plus positif à cette origine prétendue du *fou de Lille*, c'est que l'institution de ce fou n'est que la continuation de celle du *roi des Ribauds* qui subsistait déjà plus de cent ans avant l'époque de Philippe-le-Bon, puisqu'il en est fait mention dans les comptes de la ville, dès l'année 1318. Ce personnage précédait les députés du Magistrat et ceux du chapitre St-Pierre, dans la visite des chemins qui se faisait la veille de la procession de Lille; il portait le feu, lorsqu'en vertu du privilège des *arsins*, la commune en corps allait incendier quelque maison dans la châtellenie ; il faisait le guet avec le magistrat dans la maison échevinale ; il surveillait les femmes de mauvaise vie et *conversation deshonnête*, battait de verges les condamnés qui avaient encouru cette peine, balayait et tenait en bon état la salle d'audience appelée *Halle*, la maison du scel, les abords de la fontaine au change où s'assemblaient les marchands, etc. Il recevait pour cette dernière partie de ses nombreuses fonctions six deniers par semaine.

Une fois le doute entré dans notre esprit, nous avons voulu chercher à quelle source avait puisé l'auteur de cette anecdote, qui a été répétée dans presque tous les mémoires sur Lille qui datent du siècle dernier ; mais il se borne à raconter et ne cite pas ses autorités. Olivier de la Marche, attaché à l'hôtel de Philippe-le-Bon, et qui a décrit avec une si minutieuse exactitude les faits et gestes, et surtout les festins de ce prince, ne dit pas un mot du pâté et de la fontaine des Fous. Monstrelet garde le même silence. Aucun autre historien ou chroniqueur contemporain n'en parle ; c'est donc sur la foi des traditions qu'on a imprimé pour la première fois en 1726, ce qui avait échappé à tous les écrivains antérieurs. Voilà bien de quoi nous affermir dans notre incrédulité. Mais ce n'est pas tout.

Ne voulant rien négliger de ce qui peut jeter du jour sur cette *importante* question ; nous avons compulsé le compte des dépenses municipales commençant au 1er Novembre 1431 et finissant le 31 Octobre 1432. Ce compte donne le détail de ces dépenses ; les plus minimes y sont rapportées , jusqu'aux *pour-boire* donnés à des messagers , aux bouts de chandelle brûlés hors d'heure et aux balais fournis à Jean Coucque , roi des Ribauds. Nous avons lu attentivement tous les articles et n'y avons rien trouvé qui puisse donner même une apparence de vérité au conte en question ; seulement , il est bien vrai qu'au mois de Novembre 1431 , Philippe-le-Bon et sa nouvelle épouse, Elisabeth de Portugal , sont venus à Lille *célébrer* le premier chapitre de *l'ordre de la Toison d'or*. Nous en trouvons la preuve dans les deux articles suivans :

« Item pour despens de bouche faits par ceux de la loy le
» vingt quatriesme jour dudit mois de Novembre à leur retour
» d'avoir esté au devant de notre tresredoubté seigneur et de
» notre tresredoubtée dame s'espeuse qui lors vinrent en ceste
» ville.   LVIII^s.

» Item, pour semblables dépens faits par lesdits eschevins
» conseillers et serviteurs les XXIXe et XXXe jours dudit mois
» de Novembre à leur retour d'avoir esté en corps de loy en
» l'église Saint Pierre pour la solempnité du divin office que
» monseigneur fit faire pour le thoisson d'or, à quoy eulx
» vaquerent oultre heure.   VI liv. III^s.

Pour l'intelligence de ceci , il faut dire qu'en ce temps là quand le magistrat vaquait à ses fonctions outre l'heure du dîner, il était d'usage qu'il dînât aux frais de la ville..... et il lui arrivait souvent de passer l'heure.

3

On voit donc qu'en cette occasion solennelle, comme dans les autres, les membres du magistrat se sont occupés de leur dîner bien plus que de celui du prince, pour lequel, du reste, il n'a été fait aucune dépense par la ville.

Un autre article de ce même compte porte qu'il a été donné par courtoisie à *l'évêque des Folz* et à plusieurs compagnons qui ont été à Béthune *juer jeux de personnages et courir aux barres*, une somme de douze livres. Certes si ces mêmes *folz* ou des valets de ville, usurpant leur emploi, eussent *jué* devant le duc, par ordre du magistrat, on ne les eut pas moins bien gratifiés et il en serait fait mention.

Voici maintenant nos conclusions :

Le fait rapporté plus haut, bien qu'imprimé en 1726, réimprimé en 1834 et gravé dans la mémoire de toutes nos grand'mères est non-seulement apocryphe, mais faux, de toute fausseté.

Qu'après cela on nous appelle encore *sots de Lille*, soit ; mais du moins, il en faudra donner une autre raison que le pâté de Philippe-le-Bon et la fontaine des Fous.

Nous avons dit que Philippe-le-Bon, n'ayant pu accomplir son entreprise contre les Turcs, en avait pris une grande maladie après laquelle il revint à Lille. Pour se consoler de sa mésaventure, il se livra plus que jamais à son goût pour les fêtes et favorisa surtout celle de l'*Epinette* en usage à Lille depuis long-temps.

L'origine de la fête de l'Epinette n'est pas bien connue. Les uns l'attribuent à St. Louis *qui, ayant appris que soixante et dix bourgeois des plus qualifiez dans la ville de Lille, se trouvoient au commencement de may pour rompre une lance, jugea cet exercîce propre à réveiller la noblesse endormie dans le repos d'une longue paix, on dit que non-seulement il l'approuva, mais qu'il est l'auteur de ces jeux qu'il institua au commencement de sa majorité, et qu'ils furent continués par ses successeurs rois et comtes de Flandres qui annoblirent les rois* (de l'Epinette) *et leurs descendans qui furent au nombre de* 118. Bien que Tiroux , à qui nous empruntons ce passage, cite *un livre aux mémoires reposant à la chambre des comptes du roi à Paris ,* nous n'accordons pas une entière confiance à ses paroles. Nous aimons mieux nous en rapporter à madame Clément , née Hémery , qui paraît avoir eu à sa disposition des documens qui ont manqué à notre historien de Lille.

« C'est en 1220, dit cette dame (1) , sous le règne de Phi-
» lippe-Auguste et non de St. Louis, comme on l'a dit jusqu'à
» ce jour , qu'après avoir réparé les pertes qu'avait souffertes
» la ville de Lille , pour honorer la mémoire du malheureux
» Bauduin , son père , et pour entretenir l'humeur guerrière
» des valeureux Flamands , Jeanne de Constantinople , com-
» tesse de Flandre et de Hainaut , institua à Lille la fête de
» l'Epinette , et celle du *forestier de Flandre* à Bruges. Le
» nom de l'*Epinette* donné à cette fête , consacre probable-
» ment le souvenir de la couronne de Bauduin , et celui de la
» *sainte Epine* que la comtesse Jeanne avait donnée aux Domi-
» nicains de Lille ; ou bien de ce qu'après l'élection du nou-
» veau roi , un héraut d'armes lui présentait une branche
» d'épines , *ceinturée de rubans et autres enjolivemens.* »

Voici ce qui se pratiquait en cette occasion :

Le Dimanche qui précède le jour des Cendres , celui qui avait exercé la *royauté* pendant toute l'année et qui devait l'abdiquer , commençait la fête chez lui par un festin somptueux auquel il invitait les dames et les personnes de distinction assemblées pour cette fête. Pendant le banquet , ceux qui avaient été précédemment honorés de la dignité *royale* s'entendaient sur le choix du nouveau roi , qui était définitivement élu dans un second dîner donné le mardi suivant aux anciens rois, aux magistrats , et à ceux qui étaient préposés pour maintenir l'ordre pendant les cérémonies. Delà le nouvel élu était conduit sur la place du marché , où le héraut lui présentait une petite branche d'épines ; puis on le reconduisait chez lui en grande pompe , et les jeux, les

(1) Histoire des fêtes civiles et religieuses du département du Nord , p. 23.

danses, le vin et la bonne chère prolongeaient la fête bien
avant dans la nuit. Le lendemain des Cendres nouveau banquet. Le vendredi, le roi était conduit à *Templemars* (village
situé à deux lieues de Lille, où l'on croit qu'il y avait anciennement un *temple* dédié à *Mars*) et dans la chapelle de
St Georges, il demandait, par l'intercession de ce saint, un
heureux règne. Le samedi était encore marqué par un festin
suivi d'une représentation de mystères pour l'amusement et
l'édification du peuple ; enfin le dimanche (toujours à la suite
d'un dîner), le roi de l'Epinette, accompagné d'un magnifique cortège, se rendait sur la place, où commençaient les
joûtes chevaleresques, dans lesquelles de simples bourgeois
des différentes villes du pays, luttaient souvent d'adresse,
de force et de somptuosité avec les gentilshommes de la plus
illustre naissance. Ces jeux guerriers duraient quatre jours,
pendant lesquels le roi et ses tenans devaient être constamment prêts à combattre contre tous ceux qui se présentaient.
Nos lecteurs, curieux de détails, trouveront ample satis-
faction dans l'ouvrage de madame Clément, née Hémery,
pour nous, nous allons nous borner à ce qui se rapporte à
notre sujet.

Dans l'année 1453, le comte de Charolais, logé avec le
duc son père, dans le palais de Rihour, remporta le prix
de l'Epinette.

En 1459, le duc, considérant que les dépenses excessives
dont les rois de l'Epinette étaient chargés, avaient causé la
ruine de plusieurs d'entr'eux, accorda au magistrat un octroi
sur *le poisson de mer*, *les draps*, *teintures*, *et ventes de biens*,
etc. (1), à condition de fournir à ces rois une certaine somme
pour subvenir aux dépenses de la fête. Nos bonnes femmes de
ménage ne se doutent guères aujourd'hui, lorsqu'elles se
plaignent de la cherté du poisson, que le droit qui l'aug-
mente encore a pour cause première, *la nécessité de main-*

---

(1) Registre aux titres de la ville de Lille, D. E. F. f° 50.

tenir le noble jeu de l'Epinette. C'est ainsi qu'un impôt survit presque toujours aux besoins qui l'ont fait établir.

En 1462, le duc Philippe fit encore à Lille une entrée solennelle. Quatre cents bourgeois allèrent au-devant de lui avec des flambeaux allumés et le conduisirent jusqu'à son hôtel de Rihour. La reine d'Angleterre vint aussi à Lille à la même époque, mais elle logea avec son fils à l'hôtel de Roubaix, situé dans la rue Basse, au coin de la ruelle qui conduit au pont de Roubaix.

L'année 1464 fut marquée par de grandes solennités, à cause de la visite que le roi Louis XI, fit à son illustre cousin. Un certain Jehan Oostende, élu roi de l'Epinette, ayant préféré la prison à un si coûteux honneur, dont les frais n'étaient pas même couverts par les impôts établis à cet effet, fut remplacé par Bauduin ou Henri Gommer. Le monarque français, en qui les romanciers modernes nous ont accoutumés à ne voir qu'un vieillard rusé, superstitieux, lâche et cruel, se comporta, dans cette occasion, en vrai chevalier, puisque, malgré l'éclat de son rang, il se présenta dans la lice et joûta, en personne, contre le roi de l'Epinette. L'histoire ne dit pas lequel des deux fut vainqueur. Ce fut dans la même circonstance que le sire de Renty, jeune homme de quinze ans, fils de Jehan de Croy, combattit un gentilhomme français, appelé Polard ou Poulaillier, et surnommé le *Grand-Diable*, à cause de sa taille herculéenne. Le jeune de Renty heurta son adversaire si violemment de sa lance, qu'il le renversa de cheval et que ce champion, jusques-là réputé invincible, mourut sur le coup. Cet accident ne fit aucun tort à la fête de l'Epinette, qui se maintint encore dans tout son éclat jusqu'à la mort de Philippe-le-Bon. Elle commença à décliner sous son successeur et fut suspendue par Philippe de Castille, mais pour ne plus se rétablir.

A partir de cette époque, le palais de Rihour, presqu'entièrement abandonné par ses maîtres, qui n'y faisaient que de loin en loin de courtes apparitions, ne présente plus dans les fastes de notre ville, qu'un bien faible intérêt. Quelques gardes, de vieux serviteurs de la maison de Bourgogne, erraient dans ses cours désertes ; ses jardins se couvraient de ronces et leurs chemins disparaissaient sous une couche épaisse de mousse verdâtre. Ses tourelles rouges élevaient encore avec orgueil leurs pointes aigües vers le ciel ; mais à leurs pieds, un profond silence avait succédé au fracas de la foule des courtisans, au cliquetis des armures, au piétinement des chevaux, aux cris diversement accentués des fauconniers et des piqueurs. Toutes les pompes du siècle s'étaient évanouies et l'aspect morne de la noble demeure du *grand duc des occidentaux* (1), n'était que trop bien en rapport avec les misères que des guerres sans cesse renaissantes attachèrent à ce pays, pendant les règnes de Maximilien d'Autriche et de son fils.

Mais un jour, c'était en 1513, des bruits inaccoutumés firent résonner les murs du vieux palais. Des soldats, des valets, des gentilshommes, une cohue de gens de tous services se pressent dans les salles, dans les galeries ; les gothiques cheminées se réchauffent(2); des vapeurs odoriférantes remplissent les cuisines ; des mains empressées secouent la poussière des vieux meubles, des vieilles draperies ; les bons Lillois, distraits un moment de leurs travaux, ouvrent de grands yeux, et accourent s'installer, dès le matin, sur la place de Rihour, pour contempler des têtes couronnées, comme ils allaient pour voir brûler des hérétiques ou rouer des *mordreux*, comme ils vont encore aujourd'hui former un public les jours où, sur deux mauvais tréteaux recouverts de planches, on expose des voleurs.

Toute idée de comparaison à part les augustes personnages qu'on attendait étaient l'empereur MAXIMILIEN, prince brave,

---

(1) Philippe-le-Bon fut qualifié ainsi dans un message que lui envoya l'empereur d'Orient pour lui demander du secours contre les Turcs.

(2) La planche ci-jointe représente deux de ces cheminées qu'on voit encore dans les salles des Archives.

PALAIS DE RIHOUR.

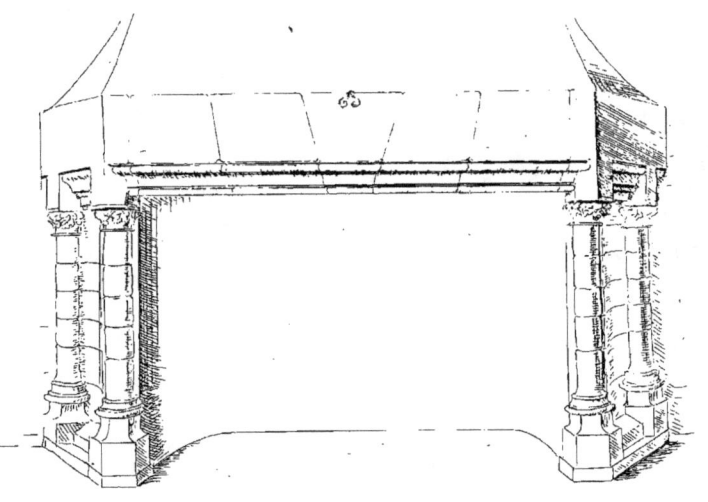

CHEMINÉES DES GARDES.

Brun Lavainne. Lith. de Danel.

mais pauvre, qui pour se procurer les moyens de faire la guerre était souvent aux expédiens ; l'archiduc CHARLES, son petit-fils, alors trop faible pour être injuste, mais qui, peu d'années après, rêvait pour lui la monarchie universelle et corrompait à prix d'argent les électeurs qui placèrent sur sa tête la couronne impériale ; HENRI VIII, roi d'Angleterre, aussi inconstant en religion qu'en amour, spoliateur de l'église et meurtrier de ses maîtresses ; enfin la célèbre MARGUERITE d'Autriche, gouvernante des Pays-Bas, la plus habile politique de son temps et la conductrice secrète de la plupart des intrigues qui troublèrent et ensanglantèrent l'Europe.

Il s'agissait d'une ligue contre la France que gouvernait en père le bon roi Louis XII. Malgré la discrétion des murs du palais de Rihour, l'histoire a pénétré dans le mystérieux dédale de ces négociations dont le siège venait s'établir chez un prince, vassal du roi de France, et qui lui devait foi et hommage. Tout le monde en connait les résultats et le rôle de duplicité qu'y joua le monarque anglais, ainsi passons outre.

Le jeune archiduc devenu roi de toutes les Espagnes et des Indes, puis empereur d'Allemagne, *dominateur en Asie et en Afrique*, affectionna toujours la Flandre, son pays natal, et y séjourna souvent. Le palais de Rihour fut donc tiré d'abandon pendant son règne, et s'enrichit, par ordonnance du mois de Janvier 1524, de tous les droits féodaux annexés précédemment au palais de *la Salle* qui venait d'être démoli. L'empereur voulut même qu'il en prît le nom ; mais, en 1542, on lui donna celui de *Cour impériale* à l'occasion d'un nouveau séjour que ce prince y fit avec le roi d'Angleterre.

Philippe II succéda à son père et ne tarda pas à se fixer en Espagne. L'inflexibilité de son caractère, trop bien secondée par ses agens, et surtout par le fameux duc d'Albe, qui ne savait opposer aux progrès de l'hérésie que la flamme des buchers et des fleuves de sang, occasionna dans les Pays-Bas un soulèvement général. Les Lillois, un moment entraînés dans la révolte ne tardèrent pas à rentrer sous l'obéissance de l'Es-

la commune de la ville de Lille (1). Donc ces *échevins*, ces *jurés* et cette *commune* étaient déjà institués. Il en existe d'autres preuves :

Au mois de février 1230, la ville et le chapitre de Saint Pierre firent un accord au sujet d'un certain mur de cloture ; l'acte, conservé dans nos archives commence ainsi : *Nos scabini, et jurati totaque communitas ville insulense, etc.*

En 1218, Jehanne de Constantinople accorda à ses bourgeois de Seclin toutes telles lois, libertés et coutumes qu'avaient et tenaient ses bourgeois de Lille ; *talem legem, talem libertatem et tales omnino consuetudines quas habent et tenent burgenses mei de insula.* (2).

Au mois de mars 1202, Bauduin IX se disposant à partir pour la Terre Sainte, renonça au privilége qu'il avait de ne payer, dans toutes les villes de Flandre, le vin qui lui était nécessaire qu'à raison de 3 deniers le *lot* (3). Cette charte s'adresse aux *échevins, jurés* et *bourgeois* de Lille. *Balduinus Flandriæ et Hainoniæ comes dilectis suis scabinis Juratis et Burgentibus de Insula salutem*, etc.

En remontant au-delà de 1202, nous ne trouvons plus de titres, il faut donc avoir recours aux historiens. Panckoucke nous dit (4) sous la date de 1195. « Création du magistrat de Lille. Auparavant cette ville était gouvernée par un *maire*.» (5) Le même fait se trouve rapporté dans plusieurs recueils manuscrits d'une date moderne ; ce qui ne nous paraît pas une garantie fort respectable, alors surtout que la charte qu'aurait dû donner à ce sujet le comte Bauduin ne se trouve ni aux archives de la ville, ni dans les inventaires de Godefroy, ni dans le recueil d'Aubert Lemire, ni enfin

(1) *Roisin*, f° 193.
(2) Reg. B., f° 140.
(3) Voyez le n° IX de la Revue du Nord, Juin 1834.
(4) Hist. de Flandre p. 122.
(5) Sans doute d'après Piétin, qui dit seulement : « l'an 1195, prit fin la mayorie et commencèrent les eschevins ». *Descente des châtelains de Lille.* Manuscrit de la Bibliothèque.

dans Buzelin qui n'eût pas omis dans ses annales un fait de cette importance, s'il l'eût trouvé appuyé sur des témoignages dignes de foi.

Nous ferons à ce sujet une remarque, en apparence puérile, mais qui, cependant, peut avoir une grande portée : c'est que le sceau de la commune, attaché aux titres de 1230, et 1235, rapportés plus haut et dont l'usage s'est conservé jusqu'en 1792, pour certaines espèces d'actes, tels que des rentes héritières sur la ville, porte pour légende : *Sigillum scabinorum et communitati* ILLENSE. Sous la comtesse Jehanne on eût écrit : INSULE. Sous Bauduin IX, également INSULE (voyez ci-dessus les titres de 1202 et de 1218.) Dans le siècle précédent la même ortographe était déjà usitée, ainsi qu'on le voit dans une bulle du pape Célestin II, confirmant les priviléges et possessions du chapitre de St-Pierre (1). Ce n'est que dans la charte de fondation de ce chapitre, par Bauduin V, dit de Lille, en 1066, qu'on trouve pour le nom de Lille, ILLA ; *in moneta* ILLENSI..... *in foro* ILLENSI............ *In territorio* ILLENSI. Ne pourrait-on pas conclure de ce rapprochement que l'établissement de la *commune* de Lille remonte à un temps peu éloigné du règne de Bauduin V, soit que les habitans aient profité des troubles de la Flandre, sous la comtesse Richilde, pour s'émanciper d'eux-mêmes, soit que Robert-le-Frison leur eût concédé des franchises pour faire pardonner son usurpation...? Ceci est une opinion toute nouvelle que l'examen attentif de la question nous engage à proposer. Nous serions heureux de voir éclaircir nos doutes à cet égard.

Toutefois il nous parait peu vraisemblable que nos aïeux se soient emparés de leurs franchises par la force, et que leur élévation au rang de *citoyens* eut été le résultat d'un tumulte populaire. Le principe même de la Magistrature lilloise dément cette origine. On n'y remarque point l'*élection*. La plupart des magistrats sont nommés par le Souverain ; les autres par les curés.

_____

(1) *Roisin*, f° 391.

« Nous avons octroyé, dit la comtesse, par le consentement
» et la volonté des échevins, des jurés et de toute la commune
» de Lille que nous et nos successeurs nous devrons faire d'an
» en an les choses suivantes à toujours; savoir, que chaque
» année le jour de Toussaint, nous ferons douze échevins
» preudhommes et loyaux, idoines et bourgeois de Lille, en
» bonne foi, par le conseil des quatre prêtres parois-
» siaux. (1)..... Et en ce jour de Toussaint, nous devons être
» à Lille, ou quelque personne de notre part, pour faire
» échevins, comme est dit ci-dessus. Ceux qui ont été éche-
» vins ne peuvent être nommés de nouveau que la troisième
» année après leur sortie. Ne peuvent être échevins ensemble
» oncles et neveux, cousins germains, père, fils et gendres....
» pour asseoir la taille (2), les quatre prêtres paroissiaux de
» Lille prendront huit hommes, bourgeois de Lille, preud-
» hommes et loyaux, lesquels ils connaîtront les meilleurs et
» les plus utiles pour faire la *taille*. Et ces huit hommes
» s'adjoindront à cet effet aux échevins et auront autant de
» pouvoir qu'eux. Pour cela les quatre prêtres écriront
» le signe de la croix sur huit de ces billets, et y ajouteront
» quatre billets blancs; ils placeront les douze billets sur
» l'autel et les feront tirer par les douze échevins, de sorte que
» les huit échevins qui tireront les billets écrits, feront la
» taille avec les huit hommes et connaîtront avec eux des
» dettes et dépenses de la ville....... Et quand la *taille* sera
» ainsi faite les quatre prêtres prendront dans la ville vingt
» hommes auxquels ils feront tirer en la même manière vingt
» billets, dont dix marqués d'une croix et dix blancs; et les
» dix qui auront la croix, seront chargés de *tailler* à leur tour
» les douze échevins et les huit hommes (3)........ Et quand le

(1) Les curés de St-Etienne, St-Pierre, St-Maurice et St-Sauveur, alors les seules paroisses de la ville.

(2) Répartir la contribution directe.

(3) Cette sage précaution n'a pu se conserver jusqu'à nos jours ; dans notre siècle de perfectionnement les *répartiteurs* règlent entr'eux le taux de leurs propres contributions.

» sire de la terre aura fait les échevins comme dit est, les éche-
» vins prendront quatre *voir-jurés* (1) et le *rewart de l'amitié*
» (2) en telle manière qu'ils ne soient parens ni entr'eux ni aux
» échevins qui les choisiront...... En outre, les échevins pren-
» dront encore huit jurés, lesquels ils voudront, pourvu qu'ils
» soient bourgeois et à ce utiles, en bonne foi. De sorte que le
» conseil de la ville soit de vingt cinq personnes et non plus.
» Ensuite les échevins nommeront quatre *comtes de la hanse*
» (3), non parens comme dessus...... Enfin, les quatre prêtres
» paroissiaux doivent nommer cinq preudhommes (*appai-*
» *seurs*) pour accorder toutes les haines et querelles (4)....
» . . . . »

Assurément rien n'est moins démocratique que cette cons-
titution. Tout le personnel du magistrat est du choix du seigneur
ou de celui des quatre curés. Une remarque bien hono-
rable pour notre ancienne magistrature, c'est que ces mêmes
hommes placés en office par l'autorité souveraine et révocables
chaque année, montrèrent souvent une fermeté et une indépendance qu'on ne rencontre pas toujours aujourd'hui chez des magistrats inamovibles. Cependant, il faut l'avouer, les meilleures
institutions s'altèrent, la corruption se glisse parmi les hommes,
ou bien l'orgueil les égare. Avec le temps, nos *huit-hommes* ne
se contentèrent plus du rôle secondaire de répartiteurs et de
contrôleurs des dépenses. Ils aspirèrent à siéger parmi les échevins, à délibérer avec eux sur les affaires publiques, à partager
les profits et la considération attachés à la magistrature. D'un
autre côté ce corps, bien que formé de l'élite de la bourgeoisie

(1) *Veros jurantos.*
(2) *Respectorem amichitie*, préfet de la commune ; (voyez Ducange aux mots
Respector et *amicitia.*)
(3) Buzelin a confondu ces *comtes de la hanse*, avec l'association ou ligue
connue sous le nom de *hanse.* Les officiers dont il est ici question étaient simplement les quatre trésoriers de la commune. La preuve en existe encore dans l'intitulé
des comptes rendus par eux chaque année jusqu'à l'époque où Philippe-le-Bon
les supprima pour les remplacer par un seul receveur nommé *argentier.*
(4) Institution conforme à celle de nos juges de paix.

et suffisant à l'administration de la justice tant qu'il n'avait eu à appliquer que de vieilles coutumes traditionnelles, se trouva au-dessous de sa mission lorsque le droit romain vint s'introduire dans tous les vides laissés par la coutume. Le gros bon sens, impuissant devant la chicane, dut chercher des auxiliaires. Les échevins se choisirent alors un, puis deux et enfin trois conseillers salariés, à qui l'on donna le titre de *conseillers pensionnaires*. Ces officiers étaient permanens et ne dépendaient que des échevins qui les appelaient à donner leur avis sur les points de droit ; mais sans leur accorder voix délibérative. L'appétit vient en mangeant dit un vieux proverbe. De même qu'en France les légistes appelés au parlement pour suppléer à l'ignorance des chevaliers se débarrassèrent peu à peu de leurs patrons et finirent par siéger sans rivaux, nos *conseillers pensionnaires* obtinrent, à force de persévérance, voix au conclave et arrivèrent à y exercer une influence presque sans partage. Louis XIV accrut encore cette influence par une de ces mesures fiscales auxquelles des guerres malheureuses ne le firent que trop recourir. Les charges de conseiller-pensionnaire, celles de procureur-syndic et de greffier, et par suite jusqu'aux moindres emplois furent rendus héréditaires moyennant finance. Chaque place devint donc une propriété transmissible pour de l'argent, de sorte que par une contradiction monstrueuse, les échevins qui formaient la tête de la magistrature furent seuls dépendans, tandis que leurs agens, leurs subalternes occupaient des positions inattaquables.

Les choses n'en étaient pas encore tout-à-fait à ce point, quand le 8 Juillet 1664, le magistrat en corps, à la suite d'un *Te Deum* chanté dans l'église de St-Pierre, fit son entrée solennelle au palais de Rihour, converti en hôtel de ville(1). Un repas magnifique fut la suite nécessaire de cette installation, car nos braves échevins n'avaient pas perdu toutes les bonnes tradi-

_____

(1) La planche ci-jointe représente l'escalier qui conduit au *Conclave*, salle que le Magistrat choisit pour ses audiences ; et l'oratoire de la Duchesse, situé près du *Conclave*.

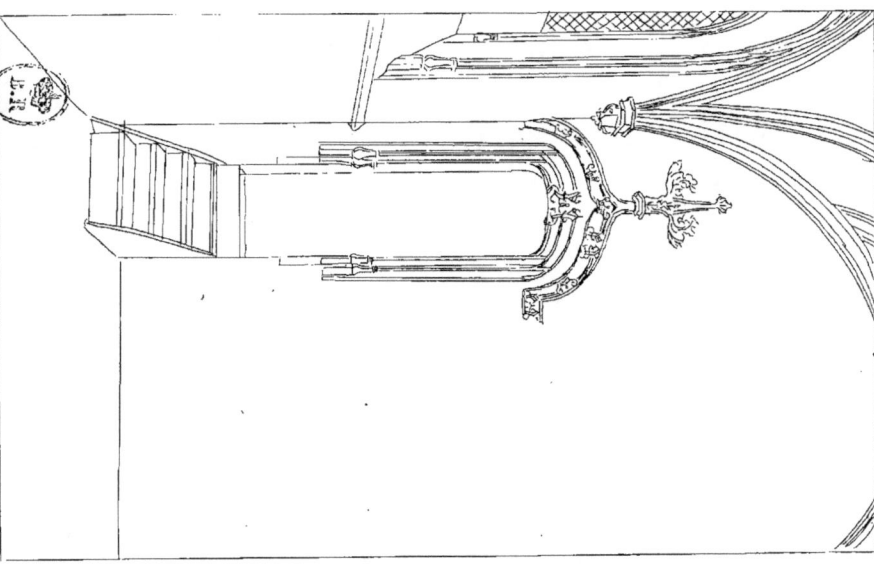

ORATOIRE DE LA DUCHESSE.

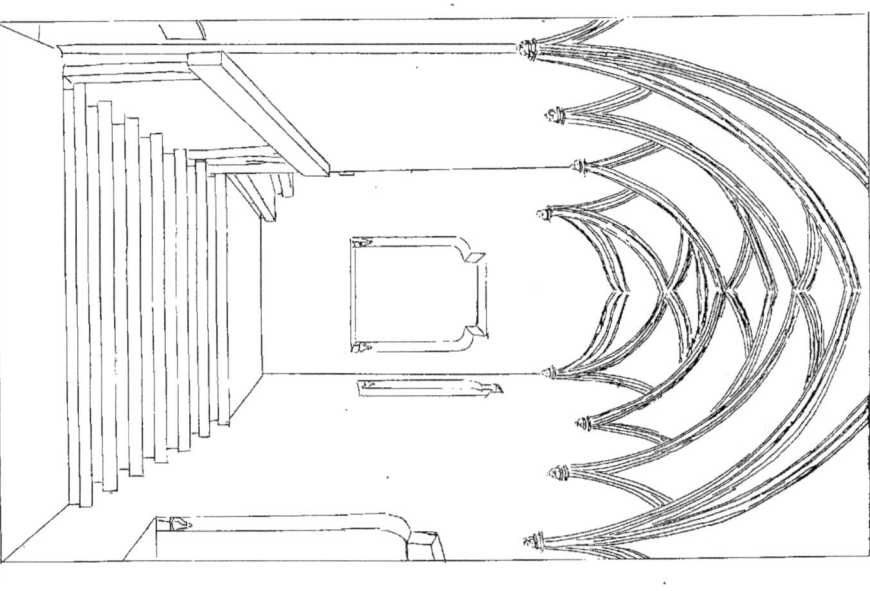

GRAND ESCALIER.

Lith. A. Duval.

tions. Trois jours après ils siégeaient au même lieu, sur leurs coussins rouges, pour une inauguration d'un autre genre. Un nommé Charles de Renaucourt comparaissait devant ce tribunal redoutable *pour vol de chevaux et autres crimes*, dit un mémoire du temps que nous avons sous les yeux. Nous ignorons si le prévenu fut mis à la question, ce supplice anticipé qui enfantait des criminels alors même qu'il n'y avait pas eu de crimes. Tout ce qu'il y a de plus clair dans l'affaire de Charles de Renaucourt, c'est que le 12 Juillet 1664, il fut pendu à un gibet planté sur la place de Rihour, ce qui produisit un effet très-agréable sur le peuple pour qui c'était une nouveauté et sur le magistrat qui put contempler de son balcon ce réjouissant spectacle.

Trois ans après, rewart, échevins, conseillers et tout le personnel administratif de la commune étaient en permanence dans ce même hôtel, pour aviser aux moyens de défense de la ville, investie par Louis XIV. Le comte de Bruay y commandait pour le roi d'Espagne à un ramassis de soldats de toutes les nations, auxquels le magistrat joignit quelques nouvelles levées, faites dans le pays, aux frais de la ville. Les détails de ce siège ne sont pas de notre sujet, nous passerons donc de suite à la capitulation dans laquelle le magistrat intervint pour y stipuler la conservation des privilèges et franchises des habitans. Le monarque vainqueur accorda cette condition essentielle et, le jour de son entrée, il vint en l'église de St-Pierre, dans la chapelle de Notre-Dame de la Treille, prêter d'abord le serment prescrit par la coutume, et recevoir ensuite celui du magistrat, au nom de toute la commune. Louis ne logea pas en ville pour cette fois; mais il revint en 1670, et accepta un dîner qui lui fut offert dans l'hôtel de ville.

Voici maintenant notre bonne flamande de ville de Lille devenue française, bien malgré elle. Il faudra du temps pour qu'elle s'accoutume à cette nouvelle domination, elle qui, régie au nom du roi de Castille, avait conservé pour l'administration intérieure toute son antique indépendance, et qui ne

s'apercevait guère de son union avec l'Espagne que par les
bénéfices considérables qu'elle procurait à son commerce. Il
y eut bien du décompte à cet égard. On peut s'en convaincre
en lisant le mémoire de l'intendance de Flandre, rédigé par
Godrefoy et dont Thiroux s'est approprié sans façon une bonne
partie. Mais, comme cela est étranger à notre hôtel de Rihour,
nous passerons sous silence le reste du règne de Louis XIV et
le commencement de celui de Louis XV pour arriver plus tôt
à l'époque où notre magistrature donna encore un de ces
exemples de fermeté que les empiétemens successifs du pouvoir
avaient rendus bien rares.

Le 12 Mai 1744, le roi vint à Lille, et logea dans l'hôtel
de Rihour qui avait été évacué par le magistrat. L'occasion
parut favorable pour demander à ce monarque la prestation
des sermens réciproques, prescrits par la coutume de Lille.
Une députation s'adressa à ce sujet au ministre d'Argenson,
qui accompagnait le roi, et qui demanda un mémoire explicatif
qu'il mettrait sous les yeux de Sa Majesté. Ce mémoire fourni
avec les extraits authentiques des pièces à l'appui, le ministre
trouva *singulière et tout à fait nouvelle* la prétention du magistrat. *Nouvelle* n'était pourtant pas le mot puisque tous les
souverains de ce pays, depuis le 13e siècle avait prêté ou
fait prêter par leurs envoyés le serment de maintenir les franchises et privilèges de la ville, avant de recevoir celui de fidélité
des habitans. Une négociation s'entama dès lors et ne fut pas
même interrompue par le départ du roi qui suivit les opérations de son armée en Flandre. Le magistrat ne voulait rien
céder de ses droits, le ministre ne pouvait accoutumer son
esprit à l'idée d'un acte qui lui paraissait humiliant pour la
majesté royale. M. Lespagnol, conseiller pensionnaire en mission à Paris, écrivait le 4 Mai 1745 à ses collègues que le
chancelier paraissait disposé à reconnaître que les Lillois avaient
mérité par leur zèle pour le service du roi *la même faveur* qui
leur avait été accordée par les autres souverains. « Mais,
» ajoutait-il, M. le Chancelier s'étend cependant beaucoup

» sur la forme qui doit être observée , sur quoy il remarque
» qu'il ne convient pas que S. M. s'engage à nous promettre
» la conservation de nos privilèges avant que nous luy aions
» prêté notre serment , *ce qui blesserait toutes bienséances* et
» le respect qui est dû au Roy , parceque notre serment étant
» postérieur *il semblerait n'être qu'une suite de la promesse de*
» *Sa Majesté, et former un engagement conditionnel* de la part
» de ses sujets , au lieu que cet inconvénient ne se rencontre
» pas en le faisant précéder , et que nous serions *très honorés* si
» le Roy voulait bien , à la suite de notre serment nous pro-
» mettre le maintien desdits privilèges ; il ajoute que nous ne
» nous trouvons pas dans le cas où était la ville de Lille , lors
» de la conquête en 1667 , que le feu Roy ne fit qu'y passer ;
» ainsi qu'on n'avait point eu le temps d'examiner ce qu'il
» convenait d'observer , etc.

Nous ne savons trop comment nos braves échevins accueil-
lirent les scrupules de monsieur le Chancelier ; mais la fin de
tout ceci fut qu'il n'y eut aucun serment prêté, de part ni
d'autre, ce qui n'empêcha pas les Lillois de rester fidèles au
successeur de Louis XIV, ni la cour de continuer à tout rape-
tisser autour d'elle pour se créer une grandeur factice, et faire
de la royauté un colosse aux pieds d'argile.

Une circonstance peu connue se rattache encore au passage
de Louis XV et ne sera pas hors de propos ici ; c'est que , pour
disposer convenablement l'hôtel de Rihour où vint loger ce
monarque , chaque membre du corps du magistrat fournit *une
paire de fins draps de lit de maître , que les abbés de Cysoing et
de Phalempin prêtèrent leurs plus beaux meubles réfugiés dans
la ville , et que plusieurs couvens , églises et particuliers pré-
tèrent aussi au même usage des tapisseries et autres meubles* (1). Malgré les ressources d'un zèle si désintéressé il parait
que le Roi ne se trouva pas à sa guise dans l'ancienne résidence

---

(1) Registre aux Résolutions. N° 30. F° 66.

5

de Philippe-Le-Bon , car le 23 mai 1744 , onze jours après son arrivée , il fit dire au magistrat qu'il avait résolu de quitter l'Hôtel-de-Ville pour aller loger au Gouvernement (hôtel du Gouverneur , rue de l'Abbiette) , et qu'il fallait disposer une maison voisine dont il aurait également besoin.

La *Loy* assemblée reçut cette communication avec respect ; mais pas tout-à-fait avec plaisir. Les calculateurs , (il y en avait de bons dans ce vénérable aréopage) eurent bientôt posé le chiffre de mille écus auquel allait s'élever le supplément de frais occasionné par ce royal déménagement ; ce qui , ajouté aux dépenses déjà faites pour feux de joie , coups de canon , et autres réjouissances , ne laisserait pas que de faire une somme assez ronde , qu'on eût beaucoup mieux employée au paiement des rentes sur la Ville , arriérées depuis quatre ans. On prit alors une délibération portant que la Ville ne se mêlerait en rien des travaux à faire au nouveau logement du Roi , que , toutefois , elle les paierait s'il n'était pas possible de faire autrement ; mais que le montant de cette dépense serait compris *dans l'état de toutes celles occasionnées par la venue de Sa Majesté ; lequel serait présenté à M. D'Argenson , ministre , pour en obtenir le remboursement soit en argent soit en la remise d'une partie des sommes que la Ville est tenue de payer au Roi annuellement.* (1)

C'est ainsi que par quelques velléités d'indépendance , notre Magistrature se montrait parfois remémorative des libertés d'autrefois ; mais le jour vint où l'établissement d'un *nouveau régime* devait donner au vieux Palais des maîtres élus par le peuple qui , sous des semblans trompeurs d'émancipation et de régénération , ne posséderaient qu'une autorité restreinte et des attributions de plus en plus rétrécies par les empiétemens des pouvoirs supérieurs.

C'est justice , toutefois , de reconnaître que les élections de

---

(1) Registre aux Résolutions , N° 30, F° 73,

Février 1790 amenèrent à l'Hôtel-de-Ville une foule de citoyens presque tous distingués par leurs lumières, leur patriotisme ou leur position sociale. On ne sera peut-être pas fâché de savoir leurs noms ; les voici : MM. Vanhoenacker, maire ; Beghin-Daignerue, Auguste Brame, Vandercruisse-de-Waziers, Luiset-Lancel, Preinguet, Questroy, André, Cardon de Montreuil, Panckoucke-Petit, Brovellio, Gosselin, Dathis, Dehau Cardon, Théry-Falligan, Leclercq, Lesage-Senault, Louis Bluysen, officiers municipaux ; Sacqueleu, procureur de la commune ; Waymel-Rouzé, substitut.—MM. Lefebvre fils, Virnot, Péterinck-Cramé, Darcy-Scheppers, Leroy notaire, De Muyssart, Duriez notaire, Fievet de Chaumont, Charvet père, Laurent-Deledicque, Bécu curé, Salmon, De Sainte-Aldegonde, Saladin curé, Lachapelle, Lagarde, De la Granville, Deledeulle, Walop, Bresou, Reynaert-Bigo, Maricourt, Roussel l'aîné, Beaussier-Mathon, Scheppers-Crépy, Roelants, le chevalier de Mastaing, Saladin médecin, Dusart-d'Escarne, Wiart, Cuvelier-Mahieu, Desrousseaux le cadet, Crepy, Cuvelier-Brame, Gruson, Beck, notables.

Aux élections suivantes quelques-uns de ces noms disparurent de la liste ; le nivellement commençait.

En 1792 et 1793, nouvelles épurations. Toutefois, ceux qui restent sont encore pris dans des rangs honorables ; mais le quatrième jour de la troisième décade du premier mois de l'An II de la République, un arrêté du représentant du peuple Isoré, en mission dans le département du Nord, suspend la Municipalité légalement élue par le vœu libre des citoyens, et nomme à sa place, en vertu du pouvoir dictatorial que la Convention attribuait à ses commissaires, une nouvelle administration, composée en grande partie d'artisans illétrés, ou du moins notoirement incapables de remplir des fonctions publiques, mais parmi lesquels se trouvaient quelques meneurs plus habiles.

C'est maintenant que la ci-devant *Cour Impériale*, devenue Maison Commune, va offrir un étrange spectacle. Dès la première séance du Conseil-général de la Commune , un arrêté ordonne la démolition de toutes les Chapelles , Calvaires , Croix , etc. , situés sur la voie publique , et la suppression de toutes marques extérieures du Culte. Les jours suivans quelques ecclésiastiques , indignes de ce titre , viennent à la Municipalité déposer leurs lettres de prêtrise , en abjurant toute espèce de culte , *excepté celui de la raison et de la liberté.*

Le 14 Brumaire An II , un message parvient au Conseil et l'on y donne lecture de la pièce suivante que nous copions textuellement :

» AU NOM DU SALUT PUBLIC.

« Les Représentans du peuple envoyés près l'armée du Nord,
» convaincus qu'il existe , au mépris des volontés de la nature ,
» des cœurs vils et noirs de corruption , nageant dans un sang
» impur et palpitant du désir de démentir la raison et les lois
» humaines , que les préjugés inventés par le charlatanisme
» d'une légion d'hommes ambitieux cachés dans les ténèbres
» de l'hypocrisie , qui , prêchant la chasteté et la sobriété ,
» cultivent en secret des passions pour semer dans l'ignorance ,
» la superstition et faire germer dans les cœurs faibles une ter-
» reur à la honte du Ciel même.

» Voulant que la déclaration des droits de l'homme , fon-
» dement de la République Française , soit le seul livre révo-
» lutionnaire de la Religion et du Gouvernement , et que nul
» individu résidant en France , ne conserve la hardiesse d'in-
» sulter aux lois du pays , sans être puni à l'heure même où
» son infidélité sera reconnue.

» Arrêtons , qu'il y aura dans le département du Nord , une
» armée révolutionnaire commandée par le citoyen Dufresse :
» que cette armée , habillée à la demi-hussard et coiffée du
» bonnet de la liberté , se transportera dans tous les lieux où
» les ennemis intérieurs attaqueront l'égalité , la liberté , l'hu-
» manité , les mœurs et la vertu. Cette armée sera suivie d'un
» tribunal pour juger les ennemis des sociétés populaires , les

» faux patriotes, les fanatiques, les accapareurs et les ban-
» queroutiers. Ses réglemens organisatoires seront affichés dans
» le plus bref délai. *Signé :* ISORÉ, CHALES. »

Les réglemens organisatoires ne se firent pas attendre. Ils
contenaient, entr'autres choses curieuses, que pour subvenir
à la solde de cette armée, qui était de 40 sous par jour pour
les simples Sans-Culottes, et en proportion pour les différens
grades : « Tout déporté, tout homme noté d'incivisme, tout
» marchand *soupçonné* ou convaincu d'accaparement, tout
» marchand, fabricant et chefs d'ateliers qui *diminuera* son
» commerce, ou se retirera, ou vendra ses chevaux et usten-
» siles, tous ceux *qui auront perdu la confiance du peuple,*
» quelque part qu'ils se soient retirés, seront imposés par
» forme de sol additionnel à un impôt qui sera proportionné
» par les Corps Constitués, en raison des richesses des per-
» sonnes suspectées, sans pour cela y mettre aucune faveur,
» *de manière qu'il ne reste, à qui que ce soit des gens de cette*
« *espèce, que l'absolu nécessaire à la vie.* »

Quelques bandits, attirés par l'espoir du pillage, se présen-
tèrent pour faire partie de cette prétendue armée. On délivra à
chacun d'eux un brevet portant pour vignette une guillotine
ambulante placée sur quatre roues, parce qu'en effet ces *hon-
nétes* Sans-Culottes, armés pour la défense des *mœurs* et de la
vertu, devaient traîner partout avec eux l'instrument du supplice. Ils commencèrent leurs opérations par l'arrondissement
de Dunkerque, où l'on nous dispensera de les suivre.

Revenons maintenant à notre Municipalité et assistons à l'une
de ses séances.

L'appel nominal étant fait, le substitut du Procureur de la
Commune prend la parole et se plaint au Conseil que quelques-uns de ses membres se livrent habituellement à la boisson
et qu'ils déconsidèrent le corps en se montrant publiquement
dans un état d'ivresse. « Dans une de nos dernières séances,
ajoute-t-il, n'avons-nous pas vu notre collègue Q..f injurier
le Président, s'abandonner à des excès déplorables et jeter

avec colère sur votre bureau l'écharpe municipale dont il était décoré?

— » Hé ben! après? dit le citoyen Q..f, d'un ton bourru, j'étais saoul parce que j'avais bu, v'la tout; mais du moins j'avais bu à la santé de la République. »

Des applaudissemens retentissent dans l'auditoire à cette réponse républicaine.

— « Quoiche qu'un a dit? demande à son voisin le municipal S...z, qui s'était endormi pendant l'appel pour cuver l'excellent vin de Bordeaux qu'il avait bu le matin en faisant une visite domiciliaire dans la cave d'un émigré.

— » On vient de dénoncer les ivrognes, répond le voisin.

— » Chet un muscadin, suppose; en bas les muscadins!.... Un n'a point mis den les droits de l'homme qui n'étot pu permis de boire.

— » Citoyens, dit gravement le Président, dans la dernière séance on a demandé la suspension.....

— » Citoyen Président, interrompt un municipal, professeur de mathématiques, ci-devant docteur en théologie; avant de prendre un parti à l'égard de notre collègue Q..f, qui est plus particulièrement désigné dans la plainte du Citoyen Substitut, je t'engage à consulter le peuple ici présent, afin de savoir s'il a retiré sa confiance à l'officier municipal inculpé.

Voix confuses dans l'auditoire: » Non, non!— Il n'a pas perdu notre confiance! — Vive Q..f! chet un bon b...... — C'est un vrai Sans-Culotte.— Nous voulons le garder.— Qu'un li rende s'n'écharpe. »

Le citoyen Q..f, la figure épanouie, se lève et salue de la main le peuple qui continue ses acclamations.

— « Citoyen, lui dit le Président, puisque tu n'as pas perdu la confiance du peuple, je te rends ton écharpe : continue de servir la Commune avec énergie et patriotisme, en exerçant la plus grande surveillance sur les intrigans et les hypocrites, et en démasquant leurs complots liberticides. »

Après cette allocution prononcée avec emphase, le Président

fait quelques pas au-devant du municipal , lui passe son écharpe et lui donne l'accolade fraternelle , au milieu des applaudissemens unanimes de l'assemblée , et des bonnets phrygiens qui s'entrechoquent dans l'air comme s'ils prenaient part à la joie commune.

Un municipal , Commissaire aux Subsistances : « Ah ça ! Citoyens , à une autre affaire à présent ; ce n'est pas tout des choux , il faut le beurre. Grâce au versement de 50,000 quintaux de blé que le gouvernement nous a *promis* , nos magasins sont presqu'approvisionnés ; mais , quand nous aurons le blé , il faudra du bois pour cuire le pain , et tout compte fait il y en a , tant à la boulangerie de la Commune que chez les boulangers , tout au plus assez pour la fournée de demain.

Le Président : » Qu'on en prenne chez les marchands.

Le Commissaire : » Les marchands en détail n'en ont plus et les marchands en gros ne veulent vendre qu'en gros.

Un autre Municipal : » C'est des aristocrates , Citoyen Président , faut les incarcérer aux Bons-Fils , et puis après on détaillera bien leur bois sans eux.

Le Professeur de mathématiques : « Citoyen Président , il me paraît plus simple de déterminer ce qu'il faut entendre par les mots *gros* et *détail.* Le premier a une valeur plus grande que le second , c'est indubitable. De même , vingt-cinq fagots valent plus qu'un fagot. Or, comme on ne peut nier que vendre un fagot ne soit vendre en *détail* , on ne peut nier non plus que vendre vingt-cinq fagots ne soit vendre en *gros.* Je propose donc au Conseil d'arrêter que les marchands de bois en gros ne pourront refuser de vendre vingt-cinq fagots à-la-fois , sous peine d'être réputés accapareurs et traités comme tels. »

Un long murmure d'admiration suivit ce savant syllogisme , et le Président eut peine à obtenir assez de silence pour prononcer l'arrêté dans les termes de la motion.

Le Commissaire aux Subsistances : « C'est fort bien , me voilà tranquille pour le bois ; mais ce n'est pas tout du bois , c'est....... comme je vous disais tout-à-l'heure , c'est le beurre, c'est la viande, ce sont les denrées de toute espèce, enfin, qui vont nous manquer, parce que les citoyens ruraux ne comprennent pas les bienfaits de la loi du maximum et ne veulent plus rien nous apporter.

Le Président : » Ah ! ils ne veulent plus rien nous apporter? eh ! bien, le Conseil-général arrête que la sortie des denrées de première nécessité est défendue.

Plusieurs voix : » C'est ça ! ils seront bien attrapés.

Le Commissaire aux Subsistances : » Mais, Citoyen Président, je t'observerai......

Le Président : » Les représailles sont justes ; ils n'auront rien à dire.

Le Commissaire : » Je t'observerai que déjà il n'y a plus....

Le Président : » Ce sont des traîtres payés par Cobourg pour nous affamer.

Le Commissaire : » Il n'y a plus rien à faire sortir...

Le Président : » Nous les affamerons à notre tour.

Toute l'assemblée : » Oui, oui, nous les affamerons. Vive la République ! »

Une voix de stentor entonne l'hymne des Marseillais. Tous les assistans se lèvent et chantent en chœur. L'enthousiasme est au comble.

Le Président se rasseyant après le dernier couplet : « Citoyens, les certificats de civisme sont à l'ordre du jour. »

Ici le greffier donne lecture d'une longue liste de pétitionnaires. A chaque nom des observations plus ou moins favorables sont faites sur les vertus civiques et le sans-culotisme des aspirans, puis le Conseil prononce. Cette opération un peu longue ayant rétabli le calme dans les esprits, l'un des municipaux, au moment de lever la séance, exposa au Conseil que beaucoup de ses membres ne vivant que du travail de leurs mains, et étant obligés de sacrifier presque tout leur temps soit aux assemblées, soit dans des missions particulières, ils se trouvaient, ainsi que leurs familles, dans le plus affreux dénûment. Ce rapport fut confirmé par plusieurs autres membres, et l'un d'eux ajouta : « Un républicain doit mourir à son poste, et j'y mourrai s'il le faut ; mais le cœur me saigne en pensant que mes quatre petits enfans crient sans doute pour avoir un morceau de pain, et que ma femme pleure avec eux de ne pouvoir leur en donner.

Le Municipal S...z, bas à son voisin : « Il n'a qu'à s'faire nommer commissaire aux *délapidations.* »

Le Président : « Citoyens, on fera part de votre position aux Représentans du peuple et ils y pourvoiront s'ils peuvent. La séance est levée ».

A quelques jours de là, le municipal Q..f fut nommé geôlier d'une des prisons de la Ville ; et le municipal Charles, concierge de la Maison-Commune.

Le règne des *sans-culottes* étant passé, notre *maison commune* vit reparaître dans sa salle des délibérations de notables commerçans, des hommes réellement investis de la confiance de leurs concitoyens et capables d'administrer dans des circonstances difficiles. Jusqu'au 13 Vendémiaire an XII, ils furent élus. A cette époque M. de Brigode fut installé comme Maire, nommé par arrêté des Consuls. L'élection, bannie de nos lois municipales pendant près de trente ans, vient d'y reprendre place par suite des évènemens de Juillet 1830. Tout le monde sait que les conseillers municipaux sont maintenant élus par une sorte de bourgeoisie privilégiée dans laquelle figurent des gens de la condition la plus abjecte, pourvu qu'ils payent 80 et quelques francs de contributions, à l'exclusion du savant, de l'homme de lettres, du citoyen vertueux et capable qui serait imposé à un centime de moins que le taux fixé. Il faut avouer qu'on nous fait souvent de bien drôles de lois. Mais laissons en repos nos administrateurs passés, présens et futurs et terminons cette notice, déjà trop longue peut-être, par une visite de toutes les parties de notre ci-devant Palais de Rihour, dans son état actuel.

D'abord, c'est un édifice à quatre faces à peu près égales, formant au milieu une belle cour avec deux entrées, l'une par

6

la place de la Mairie, l'autre par la rue du Palais. A l'extérieur de l'angle qui regarde le couchant, se trouve ajoutée une construction ancienne qu'on prendrait de loin pour le chœur d'une église. C'est la partie qui renferme le Conclave. Dans le corps de bâtiment contigu, qui s'étend vers la place, se trouvait autrefois la grande salle où fut donné le célèbre *festin des vœux* dont nous avons parlé plus haut. Il fut entièrement brûlé dans la nuit du 17 au 18 novembre 1700. Le feu se manifesta d'abord dans le théâtre que le Magistrat avait permis d'y établir pour jouer la comédie et ce fut à la suite d'une représentation de Médée. Un des beaux esprits de l'époque fit à ce sujet le chronographe *eCCe MeDea*. Un autre bel esprit, qui, apparemment n'était pas grand partisan du théâtre, fit cet autre chronographe : *peLLe CoMeDos*. Remarquons en passant, que nos vénérables municipaux de l'ancien régime ont toujours eu un goût marqué pour les jeux scéniques, car, dès l'an 1600, ils faillirent se brouiller sérieusement avec Monseigneur l'Evêque de Tournai, à l'occasion d'une troupe de comédiens, dirigée par *Jaspar Flameng*, *Claude Gambier*, *François d'Esquermes*, *Pierre d'Espinoy*, *Jehan Duhamel et George Dugardin*, *tous jueurs de jeux et comédies de cette ville de Lille*, lesquels s'étaient fait autoriser par le magistrat à représenter des histoires........, mais c'est une histoire qui nous conduirait trop loin et qu'il vaut mieux réserver pour une autre occasion.

En entrant dans notre Hôtel par le côté de la place de la Mairie, on laisse à droite le poste occupé par les gardes de police et à gauche la gracieuse chambre appelée *violon*, gîte provisoire des ivrognes, des querelleurs, des vagabonds et autres ornemens de la voie publique, quand ils outre-passent la somme de liberté que la loi leur accorde.

Nous voici dans la cour qui, par parenthèse, est constamment encombrée........, gare les jambes ! ce sont des feuillettes de vin qu'on fait rouler, les unes après les autres, à bas de cinq ou six voitures bourguignonnes, et qui vont attendre là, rangées en bataille, que les destinataires viennent les réclamer en payant d'énormes droits. Un peu plus loin on décharge du plomb en saumons, arrivant d'Angleterre. Tout près de là on taille des grès pour les trottoirs. Place, s'il vous plait, pour cette charrette que les employés viennent de saisir aux portes, parce que le conducteur y avait mis par mégarde une cruche pleine d'eau-de-vie. Mais voici deux, trois, quatre mariages dont les fiacres arrivent à la file, tandis que, venant de la rue du Palais, plusieurs camions chargés de marchandises veulent traverser aussi la *cour commune*. Les voitures et les camions se mêlent, s'accrochent, les cochers jurent, les fouets se croisent, les mariées s'épouvantent, les enfans crient (car il n'y a jamais de noces sans enfans), les chiens aboient, les chevaux piétinent. Pour compléter la scène, un détachement d'infanterie entre tambour battant et vient chercher des billets de logement pour le bataillon dont il n'est que l'avant-garde. Si nous pouvons nous tirer de cette bagarre, gagnons bien vîte la porte ouverte dans l'angle à notre droite. Là se trouvent d'abord, dans un emplacement fort exigu, le bureau du secrétariat et le cabinet du secrétaire de la Mairie. Traversons l'antichambre où baillent à l'envi trois grands gaillards de garçons de bureau ; voici le salon du maire où l'administration municipale vient délibérer sur les affaires de la commune. C'est aussi là que se font les mariages des gens *comme il faut*. A eux les fauteuils en velours d'Utrecht, ceux de moquette sont assez bons pour les autres, n'est-ce pas ? — Tournons à gauche ; cette petite salle où il fait à peine jour en plein midi, sert parfois aux commissions chargées d'*éclaircir* les questions soumises au conseil municipal. A côté se trouve le bureau où se pèsent les capacités électorales. Dans des circonstances extraordinaires, le sort de l'empire peut dépendre d'une seule boule noire ou blanche, qui tombe dans l'urne du palais Bourbon ; et la main qui lâche cette boule fatale peut ne tenir ses pouvoirs que d'un seul bulletin qui lui a procuré la majorité absolue ; et enfin, celui qui a écrit ce bulletin prédestiné n'eût pas eu le droit de l'écrire, peut-être, sans un fortuné centime qui est venu compléter la somme ronde nécessaire pour être quelque chose dans l'Etat. O mécanisme admirable ! O merveilleuse puissance de l'argent, jusques dans ses fractions les plus minimes !..... Inclinons-nous et passons outre.

Nous n'avons rien à faire dans ce double bureau où se distribuent les billets de logement et où se préparent les opérations du recrutement de l'armée. Près de là, dans un recoin tout noir est le bureau de la garde nationale d'où sortent tous les matins les ordres de service qui font pendant vingt-quatre heures, enrager vingt-quatre citoyens. La grande salle à côté est occupée par l'état-major de la place.

Sortant de ce bâtiment tout moderne, par la porte du centre et rentrant par celle qui est à l'angle ouest de la cour, nous passons d'abord sous une petite voûte à ogives aplaties qui reporte aussitôt nos souvenirs au quinzième siècle. Sur le mur à gauche on aperçoit même un de ces chiffres galans que les architectes de l'époque prodiguèrent en l'honneur de la troisième femme de Philippe-le-Bon, Elisabeth de Portugal. Ici sont croisés en sautoir deux flambeaux renversés dont néanmoins la flamme remonte et qui sont enlacés au moyen d'une espèce de nœud d'amour avec deux E tournés l'un vers l'autre. Devine qui peut le sens de cette devise. Au bout de ce couloir est la grande salle de l'état civil. Trois grouppes différens l'occupent. Regardez :

Une jeune ouvrière aux yeux noirs, au teint ponceau ; robe de percaline imprimée ; demi-châle couleur cerise tout uni ; bonnet de tulle brodé avec un paquet de roses à pétales de clinquant ; le sourire est sur ses lèvres, son regard va partout furetant, comme pour dire à tous ceux qu'il peut rencontrer, c'est moi qui suis la mariée. C'est qu'en effet rien ne la distingue des autres dames de la noce que l'air de jubilation répandu sur son visage. Près d'elle est un grand garçon, la tête un peu dans les épaules, dont l'habit neuf sent déjà la fumée de tabac (je le crois bien, un bout d'étui de pipe garni en cuivre lui sort de la poche). Il ne regarde pas sa future et paraît d'assez mauvaise humeur. Qu'a-t-il donc? — « C'est embêtant de droguer ici trois-quarts d'heure à attendre le marieur. » Ah! voilà. M. l'adjoint est en retard.

—¸ « C'est vous qui êtes le père? demande un peu plus loin l'employé qui préside aux naissances, à un gros joufflu de quarante-huit à cinquante ans.—Parbleu! et qui donc s'il vous plaît? il est encore bon enfant ce monsieur. — Oh! moi, ça m'est égal; j'écris tout ce qu'on veut. Les noms de l'enfant? — Ma femme veut qu'il s'appelle Alfred; je ne sais pas s'il y a St-Alfred dans le calendrier; mais enfin c'est une idée de femme dans son état; il ne faut pas la contrarier, vous mettrez en second, *Jean-Baptiste*; ce sera pour moi celui-là; n'est-ce pas mon petit Jean-Baptiste?.... petit chouchou, va !.... Ah! excusez; j'oubliais que le parrain et la marraine ont aussi leur mot à dire. »

— Oui, monsieur, c'est cette nuit *au quart de deux heures* moins trois minutes, que ma pauvre chère tante est morte. Je suis son neveu, monsieur; elle n'a pas fait de testament.... heureusement, car je suis son unique neveu, monsieur, et j'avais bien peur qu'elle eut trop avantagé Scholastique...... Scholastique c'est sa *fille de confiance*, monsieur. — Je n'ai pas besoin de connaître tous ces détails. Vous dites, aujourd'hui **10**, une heure trois-quarts du matin? — Le *quart de deux heures*, moins trois minutes, monsieur. — Bon, bon, c'est la même chose. Le médecin y passera. — Comment, monsieur, le médecin y passera! mais je vous assure qu'elle est bien morte, sans cela je ne viendrais pas vous dire.... — C'est pour constater le décès. — A la bonne heure, car je suis son neveu, monsieur, et pour tout au monde voyez-vous.... — C'est bien c'est bien. »

Sans sortir de cette salle vous voyez un cabinet grillé.... c'est le bureau des contributions qui semble placé là tout exprès pour dire à ceux qui entrent dans ce monde : tu es né pour payer, et la mort seule pourra te donner quittance.

Un corridor à droite conduit au logement du concierge où se trouve une belle cheminée dans le genre de celles dont nous avons donné précédemment les dessins.

Un autre corridor à gauche aboutit à une petite cour dominée par des tourelles et des constructions qui lui donnent l'aspect d'une forteresse du moyen-âge. Il s'y trouve une porte qui communique avec le logement du secrétaire de la Mairie. M. Marteau est si bon et si affable qu'il nous permettra bien de traverser son *chez lui* pour aller voir ce qui se fait du côté de la rue de la Gouvernance.

Nous passerons sans entrer devant le bureau de vérification des poids et mesures. Nous n'avons que faire aussi au bureau de contrôle des matières d'or et d'argent. La curiosité pourrait bien nous porter à visiter le tribunal de simple police, placé comme ce dernier sous la salle du Conclave ; mais on ne juge aujourd'hui que des particuliers dont les servantes ont jeté des épluchures de légumes sur la voie publique. Pas le plus petit scandale, pas la moindre querelle de ménage. Ça ne vaut pas la peine de s'y arrêter. Au dessous du lieu où nous sommes se trouve une espèce de crypte qui ressemble en petit à l'église souterraine de St-Bavon, de Gand, n'était que les piliers gothiques qui en soutiennent la voûte sont maintenant perdus dans les planches du marchand de bois à qui cette cave sert de magasin.

A deux pas de là, toujours dans les dépendances de l'Hôtel, se trouve le bureau du poids public, qui a son entrée du côté de la rue du Palais. Pour revenir par ce côté dans la grande cour, il faut passer sous la tour du beffroi, en laissant à droite le poste des sapeurs pompiers. Puis, tournant encore à droite, on voit un vilain magasin qui sert de dépôt à l'octroi de cette ville, et dont la partie supérieure, brûlée en 1756, n'a jamais été rétablie. Entrons, si vous voulez, dans la tour à demi-ruinée où s'arrêta cet incendie. — Notez bien que je ne vous ferais pas cette offre entre midi et deux heures, car alors l'escalier est presque toujours encombré par des prostituées qu'une mesure de *salubrité publique* oblige à venir se présenter devant

PALAIS DE RIHOUR.

Brun Lavainne f.ᵗ   Lith. de David.

CHAPELLE DES GARDES.

le chirurgien de la Mairie. Depuis long-temps on se récrie en vain contre l'inconvenance du lieu et de l'heure qui semblent choisis tout exprès pour qu'un plus grand nombre de témoins voie entrer et sortir ces malheureuses, dont l'effronterie accroît encore ce scandale. Entrons donc avant qu'elles n'arrivent. Au rez-de-chaussée, se trouve le bureau d'aunage et d'estampillage des étoffes fabriquées à Lille. On n'y apporte guères maintenant que des camelots et en fort petite quantité. Dans l'entresol est la chambre du chirurgien dont nous venons de parler. A l'étage au-dessus sont les archives de la ville et celles de l'ancien tabellion qui occupent toute une aile du bâtiment, la seule qui ait conservé, à peu de chose près, ses formes anciennes. Ces archives sont d'une grande importance pour la commune et renferment aussi des titres historiques assez nombreux. L'immense grenier qui les surmonte est rempli, en été, par les réverbères que l'administration fait décrocher par mesure d'économie. Au-dessous des archives se trouvent : 1° un petit poste à l'usage des avaleurs de vin (ouvriers publics chargés de mettre en cave chez les particuliers les vins qui leur arrivent); 2° le local affecté aux séances de la chambre de commerce de Lille ; 3° la salle d'audience du tribunal de commerce, qui a son greffe et sa porte d'entrée du côté de la rue de la vieille Comédie. Nous arrivons ainsi à la tour de l'est ou de l'horloge qui renferme comme l'autre un escalier en colimaçon, conduisant à différens étages. Sous les combles de ce quartier qui fait face à la place de la Mairie, repose dans une poussière presque séculaire une portion des archives. Au-dessous, c'est-à-dire au premier étage, règne une longue galerie divisée en plusieurs sections communiquant entre elles par un corridor. Sur l'une des portes on lit *greffe civil*; sur une autre *greffe correctionnel;* plus loin, *cabinet du juge d'instruction;* enfin, tout au bout de la galerie, dans un réduit presqu'entièrement privé d'air et de lumière, on lit PARQUET. Plus bas encore, un entresol, composé de plusieurs pièces, renferme les bureaux de la police. Demandes de passeports, livrets d'ouvriers et de domestiques, cartes de sûreté, déclarations d'étrangers, etc., etc., telles sont les attributions de ces messieurs à qui, vous le voyez, honnêtes gens ou fripons, nous devons tous avoir affaire. Au-dessous d'eux, c'est-à-dire au rez-de-chaussée, sont les bureaux de l'octroi municipal, où se recueille la principale et presqu'unique branche de revenus de la ville.

Après avoir fait ainsi le tour de la cour, nous voici revenus près de la principale entrée; là se trouve encore un escalier assez large d'où descendent quelques gendarmes conduisant cinq ou six misérables qui viennent de subir un interrogatoire. Les uns sont des voleurs de profession, un autre n'est prévenu que de vagabondage, deux petits garçons à la physionomie douce et candide sont accusés de fraude. On va les renfermer tous dans la même prison ; de sorte qu'avant même le jugement qui doit prononcer sur leur sort, ce vagabond aura appris comment un voleur adroit se procure de quoi payer un logement, et ces pauvres enfans seront infectés de la plus horrible corruption. Oh! vantons-nous bien haut d'être le peuple le plus civilisé de la terre!....

En franchissant cet escalier on arrive au premier étage du bâtiment neuf, reconstruit vers 1718 sur les débris de la partie brûlée. La première salle qu'on y rencontre est celle où le tribunal de première instance tient ses audiences toute l'année pour les affaires civiles, et l'hyver seulement pour les affaires correctionnelles. En tournant à gauche nous entrons dans la salle des pas-perdus, où se morfondent les témoins en attendant leur comparution. C'est aussi dans cette salle que, chaque année on expose les ouvrages des élèves de nos écoles académiques, qui ont obtenu quelqu'avantage au concours. Sur l'un des côtés on a pratiqué de petites chambres ou vestiaires où viennent se faire les transformations si judicieusement recommandées par un des personnages de Beaumarchais.

« Tel, qui se rit d'un juge en habit court, tremble devant » un procureur en robe. »

Sans prétendre à faire trembler, nos avoués (qui ne sont

pas des procureurs) savent combien le costume officiel est favorable au développement des grâces de l'état.

Nous arrivons à la grande salle où l'on juge correctionnellement l'été, au grand regret de messieurs les avocats qui sont obligés, à cause de l'étendue du local, à des efforts de poumons peu en harmonie avec les habitudes du pays ; car ici on aime à parler..... tout bonnement comme on parle ; et l'éloquence du barreau ne croit pas déroger en prenant assez souvent la forme d'une simple causerie. Dans de grandes occasions Thémis consent à prêter son sanctuaire soit pour couronner de jeunes gens qui cherchent à se faire un nom dans les arts du dessin, soit pour les séances solennelles des sociétés des sciences, d'horticulture, etc.

Derrière cette salle est une pièce appelée *salon blanc* qui sert au tribunal de chambre des délibérations, et que l'on emprunte encore pour les expositions industrielles.

On passe de là dans la salle du Conclave, beau reste d'architure ancienne, mi-parti de gothique et de *rococo*. Arrêtons-nous un moment ici et recueillons nos souvenirs. Cette pièce, par la hardiesse de ses arceaux et la forme de ses croisées, dénote assez que dans la construction primitive du Palais de Rihour, elle était destinée à servir de chapelle pour le duc de Bourgogne, et sa grandeur ne dément pas, en vérité, celle du prince qui la fit bâtir. Plus tard, quand la ville en fit l'acquisition, le magistrat y tint ses séances d'apparat et c'est de là que lui vint le nom de *Conclave*. Aujourd'hui, c'est une sorte de lieu bannal où l'on fait un peu de tout. Portez les yeux vers la voûte, une pensée religieuse descendra du haut des ogives dont les pointes viennent s'y réunir. Abaissez un peu la vue, les beaux tableaux d'Arnould de Wuez, représentant le jugement dernier, ceux de Salomon, de la chaste Suzanne, etc., vous rappelleront qu'ici la justice humaine a souvent rendu ses décrets. Regardez maintenant l'estrade du fond : deux roues de fortune, cinq numéros, le génie de la cupidité !........ Où sommes-nous, bon Dieu !..., dans l'antre du jeu immoral et perfide, appelé LOTERIE. Mais ce n'est qu'une heure tous les dix jours que cette grande iniquité s'y consomme...... avec toutes les garanties de la plus rigoureuse équité. Le reste du temps, ce lieu sert à d'autres usages. S'agit-il d'élections? C'est toujours ici qu'est placée l'une des urnes, et autant vaudrait, bien souvent jeter tout simplement les noms dans la roue de fortune. S'agit-il de réchauffer le zèle de la garde citoyenne? C'est encore ici que les conseils de discipline font pleuvoir les condamnations. Un jour de prison à celui-ci, deux à celui-là, trois à cet autre; et pan! et pan!..... Il y a des jours c'est comme la grêle. Décidément il faudra encore une compagnie d'assurance contre ce fléau-là. Pour égayer un peu cette scène de désolation, les musiciens de la garde nationale viennent à leur tour s'exercer ici tous les dimanches avant le déjeuner. Enfin, j'omets sans doute encore plus d'un usage auquel notre antique Conclave sert passagèrement, mais le lecteur voudra bien me le pardonner.

Ce que je ne dois pas omettre, c'est de mentionner la petite chambre séparée du conclave par une double porte en fer et connue sous le nom d'*oratoire de la duchesse* (voyez la planche qui le représente. Bien que cette pièce soit obstruée par l'ignoble presse où s'impriment les bulletins de la loterie, les amateurs viennent y considérer avec plaisir une petite porte ornée de fines sculptures en pierre, dont la conservation est parfaite.

A la sortie du Conclave, un couloir fort étroit nous conduit à la salle du conseil des prud'hommes; tribunal composé de fabricans pour juger les contestations des maîtres entr'eux ou de ceux-ci avec leurs ouvriers.

Près de là est le local affecté à la société des sciences et de l'agriculture. Au-dessus de ce local, est le nouveau beffroi, chef-d'œuvre de mauvais goût, construit en 1826, dans un style qu'on a cru gothique et qui n'est que ridicule. Ce qui contribuera le plus à rendre ce beffroi célèbre, c'est qu'il fut élevé tout exprès pour y placer une cloche d'allarme en cas d'incendie, et que lorsque les travaux furent terminés on s'aperçut qu'il ne se trouvait pas d'ouverture suffisante pour introduire dans la tour une cloche convenable à son objet. Il fallut bien se contenter d'y pendre, en attendant mieux, ce que les malins de l'endroit appellent une sonnette.

Dans la partie de la vieille tour carrée, sur laquelle on a, en quelque sorte, greffé le nouvel édifice, se trouve une chambre où sont restés quelques débris d'anciennes sculptures, et qui passe pour avoir servi autrefois à donner la question. On y voyait, dit-on, naguère encore, des anneaux et des crochets en fer.

Avant de quitter ces régions élevées, profitons de l'escalier de pierre à voûtes ogivales, qui règne depuis le rez-de-chaussée (Voyez la planche) pour parvenir au musée d'histoire naturelle. Dans une belle galerie, entretenue avec soin, nous trouverons une foule d'objets très-curieux dans les trois règnes, des momies, des morceaux d'antiquité et des médailles. Ce musée est sous la direction de la société des sciences, et l'on ne saurait trop louer le zèle et l'habileté du membre qui en est plus spécialement chargé.

Enfin dans une salle contiguë à cette galerie est le cabinet d'instrumens de physique où M. le professeur Delezenne fait un cours public payé par la ville.

Est-ce bien tout?...—Ma foi, je crois qu'oui. Ceux que cette nomenclature n'a pas ennuyés, ou qui ont eu le courage de la lire jusqu'au bout, se demanderont problablement si le *palais* dont nous avons entrepris l'histoire est devenu une nouvelle arche de Noé. En vérité, je serais tenté de le croire; et il ne serait pas impossible que Dieu, dans la prévision d'un déluge futur, ait permis de circonscrire ainsi dans un même lieu des échantillons de toutes les institutions et de tous les caractères d'une époque, pour les faire survivre au cataclisme. Il ne faudrait donc pas s'étonner si, le cas échéant du choc d'une comète ou autre évènement de ce genre, le *Palais de Rihour* tout entier, préservé de la destruction universelle, se voyait surnageant au-dessus des eaux, ou recouvert d'une voûte de cendres, pour reparaître dans toute sa splendeur après que la colombe de bon augure en serait sortie pour aller aux nouvelles du jour.

C'est du moins ce que je souhaite de tout mon cœur aux honnêtes gens qui l'habitent.

FIN.

LILLE. — Imprimerie de VANACKERE fils.